Nicht ob Kulturindustrie heute noch funktioniert, sondern wie, dieser Frage gehen die Texte in diesem Sammelband nach. Sie beschäftigen sich unter anderem mit der Krimireihe »Tatort«, den Serien »Star Trek«, »CSI« und »Desperate Housewives«, sowie den Filmen »Spiderman« und »Herr der Ringe«. Diese Produkte der Kulturindustrie werden einerseits als Ausdrucksformen gesellschaftlicher Verhältnisse kritisiert. Andererseits aber nehmen die Beiträge bei aller notwendigen Kritik an Schematismus und Standardisierung auch den der Kulturindustriekritik immanenten Bezug auf die Besonderheiten des Materials und dessen geschichtliche und gesellschaftliche Spezifik ernst. Mit Beiträgen von Tobias Ebbrecht, Renate Göllner, Karin Lederer, Florian Ruttner und Gerhard Scheit.

Karin Lederer hat unter anderem die Ferengi studiert, ist Mitherausgeberin der Broschüre Goldhagen und Österreich. Ganz gewöhnliche ÖsterreicherInnen und ein Holocaust-Buch (1998) und freiberufliche Lektorin in Wien.

Karin Lederer (Hg.)

ZUM AKTUELLEN STAND DES IMMERGLEICHEN

Dialektik der Kulturindustrie – vom Tatort zur Matrix

VERBRECHER VERLAG

Gedruckt mit Unterstützung des Bundesministeriums für Wissenschaft und Forschung in Wien, der Studienvertretungen Theaterwissenschaft und Politikwissenschaft sowie der Fakultätsvertretung Sozialwissenschaft der Universität Wien.

Erste Auflage
Verbrecher Verlag Berlin 2008
www.verbrecherei.de

Einband und Satz: Christian Walter

ISBN: 978-3-940426-16-1

Printed in Germany

Der Verlag dankt Roman Kuhn und Sonja Vogel.

Florian Ruttner, Tobias Ebbrecht und Karin Lederer

Der Pilot

Eine kurze Einführung in die Kulturindustrie

Einleitungen und »Pilotfolgen« von Fernsehserien stehen salopp gesagt vor einem ähnlichen Problem. Zwar wird nach misslungenen Einleitungen nicht, wie bei erfolglosen Pilotfolgen, nach denen die anschließende Serie abgesetzt wird, das folgende Buch gleich wieder eingestampft, und insofern stehen Autoren von Einleitungen weniger unter Druck als Autoren von Serienpiloten, aber es ist doch ihre Aufgabe, das Gemeinsame, das die einzelnen Beiträge verbindet, herauszustellen (gerade bei einem Sammelband), genauso wie die Piloten die Grundlage der noch zu entfaltenden Handlung legen und die verschiedenen Entwicklungsmöglichkeiten von Figuren und Konflikten andeuten müssen.

In den Beiträgen dieses Buches geht es um die Darstellung und Analyse von Elementen der verschiedenen Erscheinungsformen der Kulturindustrie, wobei der Schwerpunkt auf den audiovisuellen Massenmedien Film und Fernsehen liegt. Das sie vereinigende Band ist also der Begriff der Kulturindustrie, wie er von Max Horkheimer und Theodor W. Adorno in ihrer »Dialektik der Aufklärung« geprägt wurde.

Über das, was oft als Massenkultur bezeichnet wird, heute etwas zu sagen, fällt schwer, schließlich gibt es eine Fülle von Deutungen dieses Phänomens. Die einen sehen in der bestehenden Kultur aus Kino, Funk, Fernsehen und Neckermannreisen eine Demokratisierung, die »[d]urchreglementierte Ordnungen und festgezurrte Verhaltensmuster gelockert oder gar umgekehrt [habe] in Urlaub und Reise, in spontan[e] Verausgabung bei Tanz und Sport, in Grenzerfahrung, Grenzüberschreitung und kollektive[n] Rausch«. (Maase 1997: 37) Solche zumeist naiven und affirmativen Einschätzungen verfehlen einen kritischen und darum notwendig dialektischen Zugang zum Phänomen der Massenkultur. In ihnen kommen vielmehr die regressiven Tendenzen in der Kultur selbst zum Ausdruck. Zur weiteren Klärung eines kritisch gemeinten Begriffs der Kulturindustrie können sie getrost vernachlässigt werden.

Kulturkonservativismus und platte Konsumkritik sehen im Phänomen Massenkultur den Verfall der »echten Werte« und beschweren sich über die Oberflächlichkeit, die – so die national angehauchte Version, welche allerdings nicht nur in traditionell nationalen Kreisen gepflegt wird – überhaupt nur dem amerikanischen Kulturimperialismus Vorschub leiste und damit die eigene zu schützende und zu bewahrende Kultur um ihre jeweiligen Eigenheiten bringe.

Schließlich sieht die etwas elaboriertere Ansicht, die sich in den letzten Jahrzehnten unter dem Titel »Cultural Studies« im akademischen Bereich zum Mainstream entwickelt hat, die Kultur und besonders Massenkultur zwar als Ausdruck gesellschaftlicher Machtverhältnisse, stellt diese aber gleichberechtigt neben eine Vielzahl anderer Machtverhältnisse, ohne einen kritischen Begriff von Gesellschaft oder Kultur zu entwickeln. Populärkultur wird als Teil gesellschaftlicher Praxis angesehen, anstatt sie als unteilbaren Ausdruck von gesellschaftlicher Macht und Herrschaft zu analysieren.

Die Gesellschaft wird nicht als zusammenhängendes Ganzes, als Totalität gesehen, sondern als Nebeneinander von verschiedenen autonomen Faktoren. Neben der Politik und der Ökonomie entdecken sie eben auch die Kultur als einen jener Bereiche, die tautologischerweise einerseits von Macht organisiert würden, andererseits Macht produzierten. Woher diese Macht kommt, ist aber so niemals zu beantworten. Herrschaft wird stattdessen als quasi ontologische Instanz eingeführt. Am Beispiel von Michel Foucault hat Manfred Dahlmann auf die Konsequenzen dieses Vorgehens hingewiesen: Foucault und mit ihm den Vertretern der Cultural Studies gerät die Macht zum Selbstläufer, zum automatischen Subjekt, das Grund, Bewegungsform und Resultat aller gesellschaftlichen Prozesse wird. Das mag als erste, allgemeine Beschreibung der bürgerlichen Gesellschaft durchaus zutreffen, kann allerdings deren Verfahrens- und Vermittlungsweisen nicht erklären: »Eine solche Erklärung wäre nur möglich, wenn gezeigt werden kann, wie aus der allgemeinen Anerkennung reiner Formbestimmungen sich in der bürgerlichen Gesellschaft Gewaltverhältnisse reproduzieren. Dies erfordert neben einem Begriff von Totalität auch einen Begriff von negativer Vergesellschaftung und von Verkehrung. Auf dieser Grundlage erweist sich der Machtbegriff Foucaults als Fetischisierung des Kapitals.« (Dahlmann 1998: 48) Gerade im Versuch, die konkrete kulturelle Praxis zum Gegenstand der Beschäftigung zu machen und in der Distanzierung von kritischer Gesellschaftstheorie, die von angeblich so abgehobenen philosophischen Dingen wie Totalität und Wesen spreche, verfallen die Cultural Studies selbst der schlimmsten Form von Ontologie. Da Kapital und Äquivalententausch, die den Kern der bürgerlichen Gesellschaft und Herrschaftsformen ausmachen, nicht analysiert, sondern implizit verleugnet werden, und dagegen Machtverhältnisse z.B. in der Kultur »verortet« werden, ohne deren Grund angeben zu können, bleibt kaum etwas anderes übrig, als die Macht als übergeschichtliche, dem Sein zugehörende, eben als ontologische Instanz aufzufassen. So wissen die Cultural Studies zwar manche Aspekte der »Gegenwart zu be- und verurteilen, aber nicht zu begreifen«. (Marx 1962: 528)

Gegen all diese Deutungen des Phänomens gilt es den Begriff der Kulturindustrie, wie Horkheimer und Adorno ihn anlegten, abzugrenzen, der weder naiv noch kulturkonservativ ist und von einem Begriff der gesellschaftlichen Totalität ausgeht. Er ist also im Kontext einer umfassenden Gesellschaftskritik zu sehen, wie sie in der »Dialektik der Aufklärung« formuliert wird. Die Aufklärung wird über ihre eigenen Konsequenzen aufgeklärt, um sie vor ihrer Selbstzerstörung zu retten. In ihrem Vorwort schreiben Horkheimer und Adorno über den Abschnitt Kulturindustrie, er zeige »die Regression der Aufklärung an der Ideologie, die in Film und Radio ihren maßgeblichen Ausdruck findet.« Aufklärung bestehe dabei »vor allem in dem Kalkül der Wirkung und der Technik von Herstellung und Verbreitung; ihrem eigentlichen Gehalt nach erschöpft sich die Ideologie in der Vergötzung des Daseienden und der Macht, von der die Technik kontrolliert wird.« (Horkheimer / Adorno 1987: 22) Antiaufklärerische Inhalte werden – dank der Aufklärung – auf dem höchsten Stand der Technik präsentiert.

Es findet bei der Kulturindustrie also eine Verkehrung von Mittel und Zweck statt: Der Gehalt eines Werks wird zweitrangig. Die Mittel, diesen Gehalt darzustellen, seien es die erwähnten technischen Mittel, sei es ein spezieller Stil, rücken in den Vordergrund. Festgestellt und kritisiert wird also der Untergang des autonomen Kunstwerks, welches für sich selbst bestehen konnte. Diese Kritik wird Horkheimer und Adorno jedoch immer wieder vorgehalten. Ihnen wird vorgeworfen, sie offenbarten darin ihren bildungsbürgerlichen Dünkel, der sich vor plebejischen Massen ekle, sie opponierten gegen die Massenkultur vom Standpunkt eines elitären Modernismus. (vgl. Huyssen 1988: 56)

Einmal abgesehen davon, dass die strikte Trennung von Modernität und Massenkultur bei den Autoren der »Dialektik der Aufklärung« so nicht vorhanden ist, und sie genau auf deren verbindende Elemente hinweisen: Auch die Hochkultur wird bei ihnen nicht auf ein Podest gestellt, wie sie in ihrer Vorrede deutlich machen: »Nicht um die Konservierung der Vergangenheit, sondern um die Einlösung vergangener Hoffnungen ist es zu tun. [...] War die respektable Bildung bis zum neunzehnten Jahrhundert ein Privileg, bezahlt mit gesteigertem Leiden der Bildungslosen, so ist im zwanzigsten der hygienische Fabrikraum durch Einschmelzen alles Kulturellen im gigantischen Tiegel erkauft. Das wäre vielleicht nicht einmal ein so hoher Preis, wie jene Verteidiger der Kultur glauben, trüge nicht der Ausverkauf der Kultur dazu bei, die ökonomischen Errungenschaften in ihr Gegenteil zu verkehren.« (Horkheimer / Adorno 1987: 21)

Es geht ihnen also gerade nicht um ein Naserümpfen über die niedere Massenkultur, sondern um die Einsicht, dass die Kulturindustrie mit dem autonomen Kunstwerk auch die Möglichkeit aus der Welt schafft, die Menschen könnten autonom handeln. Nicht gegen die Massen per se richtet sich die Kritik, sondern dagegen, dass die Menschen durch die Kulturindustrie erst zu solchen gemacht werden. Genau deshalb entschieden sich die Autoren auch für den Begriff Kulturindustrie und gegen den der Massenkultur, der in frühen Entwürfen noch benutzt wurde. Denn dieser suggeriere, wie Adorno später schrieb, »die Deutung [...], die den Anwälten der Sache genehm ist: dass es sich um etwas wie spontan aus den Massen selbst aufsteigende Kultur handele, um die gegenwärtige Gestalt von Volkskunst.« (Adorno 1997a: 337)

Dagegen hält er fest, dass die sogenannte niedere Kunst genauso wie die frühere höhere Kunst von der Kulturindustrie verschlungen werde. Dies erfolgt zu beider Schaden: »Die hohe wird durch die Spekulation auf den Effekt um ihren Ernst gebracht; die niedrige durch ihre zivilisatorische Bändigung um das ungebärdig Widerstehende, das ihr innewohnte, solange die gesellschaftliche Kontrolle nicht total war.« (ebd.)

Die Kritik der Kulturindustrie will also weder die hohe Kunst retten, noch will sie die niedere verbieten. Sie untersucht vielmehr, was mit dem Individuum und dessen Räumen zur Reflexion von gesellschaftlichen Zwängen, die die Kunst bildete, in der spätkapitalistischen Gesellschaft passiert. Genau das interessiert aber diejenigen, die meinen als Anwälte für die Massen zu sprechen, überhaupt nicht. Unter der Hand unterstützten sie vielmehr das Bild von den dummen Konsumenten, die nichts anderes sehen und hören wollten. Die Kritische Theorie erscheint ihnen daher als spaßfeindlicher Spielverderber, der den Menschen überhaupt nichts gönne.

In den kulturkritischen Texten der Kritischen Theorie finden sich hingegen immer wieder Stellen, in denen leichte Kunst und das Amusement verteidigt werden. Sie zeigen allerdings auch, warum wirkliche Unterhaltung in der bestehenden Gesellschaft nicht möglich ist: »Nicht also dass die Kulturindustrie Amusement aufwartet, macht den Betrug aus, sondern dass sie durch geschäftstüchtige Befangenheit in den ideologischen Clichés der sich selbst liquidierenden Kultur den Spaß verdirbt. [...] Sie lässt das Sinnlose drunten so radikal verschwinden wie oben den Sinn der Kunstwerke.« (Horkheimer / Adorno 1987: 168 f.)

Gegen dieses Einspannen von Sinn und Amusement zu gesellschaftskonformen Zwecken wenden sich Adorno und Horkheimer schon im Untertitel des Kulturindustriekapitels mit der prägnanten Formulierung: »Aufklärung als Massenbetrug«. Dieser Betrug besteht nämlich darin, dass mit den rationellen Mitteln der Aufklärung die Regression des Individuums unterstützt wird, dass die Menschen in der Kulturindustrie als Quotenbeschaffer und Konsumenten, also nur als Objekte gelten. Gerade weil Adorno und Horkheimer darum wissen, dass sich die Kulturindustrie gleichzeitig den Bedürfnissen der Menschen anschmiegt und sich diese aneignet, machen sie die dialektische Verschränkung von Massenkultur und Einzelnem begreifbar. Kulturindustrie darf dabei nicht auf eine lokalisierbare Produktionsstätte verkürzt verstanden werden: »Was Kulturindustrie heißt, ist keine spezifische Branche, sondern ein alle Lebensbereiche umfassender objektiver gesellschaftlicher Mechanismus, der einerseits demokratisch die Kunstwerke fürs unmittelbare Bedürfnis zurichtet und dadurch auf die Beseitigung der produktiven Spannung zwischen Kunstobjekt und Betrachter abzielt, die doch im Charakter des Fremden begründet liegt und darüber hinaus massenhaft standardisierten Kulturmüll produziert, der andererseits die Befrachtung der alltäglichen Dinge, Phänomene, Vorgänge und Verrichtungen mit Bedeutung und Sinn, eine Existentialisierung des Daseins, eine Kulturalisierung aller Lebensbereiche betreibt.« (Nachtmann 2006: 53) Abgelöst von der konkreten sinnlichen Erfahrung wird Kultur selbst zum beliebig verwendbaren Schema. Hinter der behaupteten Diversität der kulturellen Ausdrucks- und Aneignungsweisen zeigt sich gleichzeitig die Affirmation der kulturindustriellen Tendenz zur Standardisierung der Bedürfnisse. Indem Interpretation und Bewertung durch das Postulat der Gleichrangigkeit der Geschmäcker und Diskurse abgewehrt werden, bieten sich die Theoretiker der Cultural Studies noch als Beschleuniger der oben beschriebenen »Kulturalisierung aller Lebensbereiche« an. Die Zusammenhänge mit Gesellschaftlichem können diese darum nicht begreifen, genauso wenig wie sich aus ihren Annahmen ein dialektisches Verständnis von Herrschaft entwickeln lässt. Denn, wie Adorno an anderer Stelle beschreibt: »Herrschaft wandert in die Menschen ein. Sie müssen nicht, wie Liberale kraft ihrer Marktvorstellungen zu denken geneigt sind, ›beeinflußt‹ werden. Die Massenkultur [man sieht, der Text entstand vor der oben erwähnten Entscheidung gegen diesen Begriff, Anm. der Verf.] macht sie bloß immer nochmals so, wie sie unterm Systemzwang ohnehin schon sind, kontrolliert die Lücken [...] stellt ihnen Modelle zur Imitation bereit.« (Adorno 1997c: 390)

Die Gesellschaft, die die instrumentelle Vernunft hervorbringt, also eine Form der Vernunft, die die Mittel rational zu einem irrationalen Zweck benutzt, verkehrt die zunehmende Beherrschung der ersten Natur, also der Natur im herkömmlichen Sinn, durch die Menschen, in eine Beherrschung der Menschen durch eine »zweite Natur«, die gesellschaftlich gemacht ist, und sich hinter dem Rücken der Beteiligten durchsetzt. Adorno resümiert das so:

»Der Gesamteffekt der Kulturindustrie ist der einer Anti-Aufklärung; in ihr wird [...] Aufklärung, nämlich die fortschreitende technische Naturbeherrschung zum Massenbetrug, zum Mittel der Fesselung des Bewußtseins. Sie verhindert die Bildung autonomer, selbständiger, bewußt urteilender und sich entscheidender Individuen. Dies aber wären die Voraussetzungen einer demokratischen Gesellschaft, die nur in Mündigen sich erhalten und entfalten kann.« (Adorno 1997a: 345)

Das Industrielle an der Kulturindustrie bezieht sich hauptsächlich auf die Standardisierung der Kunstwerke, nicht im engeren Sinn auf ihre Produktion. Die Standardisierung setzt sich über den Markt durch, denn die Kunstwerke müssen sich am Markt als Waren behaupten. Dabei weisen Horkheimer und Adorno allerdings darauf hin, dass bis zu einem gewissen Zeitpunkt der Markt Voraussetzung für zweckfreie, autonome Kunst war. Im Mittelalter prägte Walther von der Vogelweide den Satz: »Wes Brot ich ess', des Lied ich sing.« Der Künstler stand in persönlicher Abhängigkeit zu seinem Auftraggeber. Aus dieser wurde er erst durch die Anonymität des Marktes herausgelöst. Dafür mussten seine Kunstwerke jetzt den Gesetzen der Warenform gehorchen und sich deren Logik beugen: »Seitdem diese [die Kunstwerke] als Waren auf dem Markt ihren Urhebern das Leben erwerben, hatten sie schon etwas davon. Aber sie erstrebten den Profit nur mittelbar, durch ihr autonomes Wesen hindurch. Neu an der Kulturindustrie ist der unmittelbare und unverhüllte Primat der ihrerseits in ihren typischsten Produkten genau durchgerechneten Wirkung. [...] Geistige Gebilde kulturindustriellen Stils sind nicht länger *auch* Waren, sondern sind es durch und durch.« (ebd.: 26)

Der relative Freiraum, den die autonome bürgerliche Kunst beim Heraustreten aus feudalen Abhängigkeitsverhältnissen gewann, ging in der Folge der Durchkapitalisierung ihrer Sphäre wieder verloren. Diese Verwandlung von Kunstwerken in Waren vollzog sich zunächst im Fall der Literatur. Beim Aufkommen von Radio, Kino und schließlich Fernsehen war die Standardisierung schon durchgesetzt, war bereits ihr Strukturprinzip, sodass die Möglichkeit, es könne auch anders sein, kaum noch in Betracht gezogen wurde.

Neben der Verwandlung von Kunstwerken in Waren war aber noch ein anderer Prozess zur Etablierung der Kulturindustrie notwendig: Die »Erfindung« von Freizeit. Denn die Kapitalverwertung braucht auch eine ganz besondere Ware, um funktionieren zu können: Die Ware Arbeitskraft. Damit teilt sich automatisch die Zeit, die den Lohnarbeitern und Lohnarbeiterinnen zur Verfügung steht, in Arbeitszeit und Freizeit. Spätestens ab den 20er Jahren des vorigen Jahrhunderts wurde die Freizeit zu einem Wirtschaftsfaktor im doppelten Sinn, wie zum Beispiel in der sehr lesenswerten Studie Siegfried Kracauers über die Angestellten beschrieben wird: Dort ist er mit der Entstehung der ersten Formen von Vergnügungstempeln (darunter muss man sich so etwas wie Vorläufer der *shopping malls* mit Kino und Bars vorstellen) konfrontiert, in die die Angestellten nach der Devise »aus dem Geschäftsbetrieb in den Amusierbetrieb« (Kracauer 1971: 95) strömen.

Die Unterhaltung wird also wirtschaftlicher Faktor im doppelten Sinn: Einerseits werden die Kunstwerke Waren, andererseits unterstützt und ermöglicht sie die Reproduktion der Ware Arbeitskraft. Zerstreuung ist notwendig, um danach wieder konzentriert arbeiten zu können, und genau deswegen soll die Unterhaltung in der Freizeit anspruchslos sein, weil sie funktionell determiniert ist, als Anhängsel der Arbeitszeit. Adorno und Horkheimer haben das auf die griffige Formel gebracht: »Amusement ist die Verlängerung der Arbeit unterm Spätkapitalismus. [...] Das Vergnügen erstarrt zur Langeweile, weil es, um Vergnügen zu bleiben, nicht wieder Anstrengung kosten soll und daher streng in den ausgefahrenen Assoziationsgleisen sich bewegt.« (Horkheimer / Adorno 1987: 162)

Die Kulturindustrie verwandelt die Kunst, die dem Individuum Genuss und Zweckfreiheit geben könnte, in eine höchst zweckmäßige Sache, indem sie Kollektive schafft: Diesen oder jenen Film muss man gesehen haben, will man nicht Außenstehender bleiben. Die Möglichkeit geistiger Erfahrung wird dabei zerstört, wenn auch die kulturindustriellen Produkte als künstlerische Äußerungen ernstzunehmen sind, will man etwas über die Funktionsweise der Kulturindustrie erfahren. Das Argument, es sei doch alles nicht so ernst zu nehmen, ist eine Schutzbehauptung, die von der Wirkungsmächtigkeit der Kulturindustrie ablenkt, davon, dass durch ihre reale Existenz die stereotype Wahrnehmung der Menschen gefördert wird.

So bearbeitet die Kulturindustrie aber auch ihrerseits die Menschen: Indem sie nur Assoziationsgleise vorgibt, verliert die Kunst ihre Eigenschaft, Menschen Erfahrungen zu ermöglichen und indem alle die gleichen Assoziationen, Clichés und Stereotype präsentiert bekommen, verschwindet auch das Individuum als Träger von Erfahrung. Der Inhalt kulturindustrieller Produkte bewegt sich in den ausgefahrenen Assoziationsgleisen, die »[...] Ordnungsbegriffe, die sie [die Kulturindustrie] einhämmert, sind allemal die des status quo. [...] Der kategorische Imperativ der Kulturindustrie hat, zum Unterschied vom Kantischen, mit der Freiheit nichts mehr gemein. Er lautet: du sollst dich fügen, ohne Angabe worein; fügen in das, was ohnehin ist, und in das, was, als Reflex auf dessen Macht und Allgegenwart, alle ohnehin denken.« (Adorno 1997a: 29)

Die Überwältigungsfunktion, die den Einzelnen zum bloßen Anhängsel macht und den Konformismus fördert, macht die Kulturindustrie für die spätkapitalistische Gesellschaft unverzichtbar. Der bürgerliche Staat, der die persönlichen Abhängigkeitsverhältnisse des Feudalismus abgeschafft und sie durch unpersönliche ersetzt hat, scheint mit der Monopolisierung der Gewalt, durch die dies möglich war, gleich auch die Gewalt abgeschafft zu haben. Das Bewusstsein schwindet, dass es sich auch bei unpersönlichen Herrschaftsverhältnissen um Herrschaft handelt, die im Zweifelsfall ohne Gewalt nicht auskommt. Gleichzeitig den Schein der Gewaltfreiheit aufrechtzuerhalten und mit der Gewalt zu drohen, dadurch fördert die Kulturindustrie den Konformismus. Horkheimer und Adorno ziehen dabei die Trickfilme als Beispiel heran: »Sofern die Trickfilme neben Gewöhnung der Sinne ans neue Tempo noch etwas leisteten, hämmern sie die alte Weisheit in alle Hirne, dass die kontinuierliche Abreibung, die Brechung allen individuellen Widerstandes, die Bedingung des Lebens in dieser Gesellschaft ist. Donald Duck in den Cartoons wie die Unglücklichen in der Realität erhalten ihre Prügel, damit die Zuschauer sich an die eigenen gewöhnen.« (Horkheimer / Adorno 1987: 162)

Der Gedanke, dass eine Gesellschaft möglich sein könnte, in der es dieser Schläge nicht mehr bedarf, wird beständig verdrängt, und damit auch der Zusammenhang zwischen Staat und Gewalt. Dabei spielt die Kulturindustrie wieder eine wichtige Rolle: Denn sie ermöglicht diese Verdrängung erst in großem Maßstab. Die Kulturindustrie fördert paradoxerweise bei den Menschen eine Ich-Schwäche, also eine Schwächung jener Instanz, die für den Ausgleich zwischen Wunsch und Realität zuständig ist: »Diese Sisyphusarbeit der individuellen Triebökonomie scheint heute ›sozialisiert‹, von den Institutionen der Kulturindustrie in eigene Regie genommen, zum Vorteil der Institutionen und der mächtigen Interessen, die hinter ihnen stehen.« (Adorno 1997b: 508) Durch diese Sozialisierung der Verdrängung wird nicht nur das Ich geschwächt, sondern gleichzeitig auch die Verdrängung aufrechterhalten. So wird die Fähigkeit zur Erfahrung von der Kulturindustrie in die Zange genommen. Die von ihr geförderte Unfähigkeit, überhaupt Erfahrungen zu machen, zerstört auch jede geschichtliche. Weisen moderne Kunstwerke auf nicht eingelöste Glücksversprechen hin, und deuten damit an, dass das Unglück nicht notwendig wäre, so betreibt die Kulturindustrie die »Verklärung der alltäglichen Katastrophe zum Gluck«. (Hering 1938: 27) Es ist, was es ist, sagt die Kulturindustrie und perpetuiert so das Unglück.

Dieser Zug zum Konformismus hilft natürlich auch politischen Bewegungen, für die das Kollektiv alles und das Individuum nichts ist. Die Unfähigkeit zur Erfahrung und die Wahrnehmung der Welt in Stereotypen und Clichés sind nicht nur Merkmale der Kulturindustrie, sondern auch des autoritätsgebundenen Charakters, der in Faschismus und Nationalsozialismus seine höchste Entfaltung feierte. Und in der Tat: Der Nationalsozialismus bediente sich fleißig der neuen Medien. Auch hier wirkte wieder der Faktor der Überwältigung: Da die Radiopropaganda überall hin reichte, schien sie durch dieses bloße Faktum der Frage nach ihrer Wahrheit schon enthoben.

Diese Überlegungen können an dieser Stelle nicht weiter vertieft werden. Die kulturindustriell erprobte Methode des »Cliffhangers« verwendend kann dazu nur auf die folgende Beiträge verwiesen werden: Denn in diesen wird unter anderem versucht, die besonderen Funktionsweisen der Kulturindustrie in postnazistischen Gesellschaften zu erörtern. Die Beiträge gehen also einerseits von der Kritik der Kulturindustrie als einem universellen und alle gesellschaftlichen Bereiche umfassenden Verhältnis aus. Sie beziehen sich auf die oben in Anknüpfung an die Kritische Theorie nachgezeichnete gesellschaftliche Totalität.

Gleichzeitig aber nehmen sie auch den der Kulturindustriekritik immanenten konkreten Bezug auf das Material, im Sinne des je Besonderen, ernst. Im Mittelpunkt der Beiträge stehen konkrete Ausdrucksformen und Produkte der Kulturindustrie, im Speziellen von Film und Fernsehen. Dabei geht es nicht in erster Linie um die »Anwendung« einer spezifischen Theorie. Vielmehr dienen die Serien, TV-Formate und Filme als spezielle Ausdrucksformen gesellschaftlicher Verhältnisse. Es geht in diesem Buch nicht um den Nachweis, dass die Kulturindustrie auch heute noch funktioniert, sondern um die Frage, wie sie dies tut.

Dabei eint die unterschiedlichen Beiträge der Versuch, in der Kritik der gegenwärtigen Kulturindustrie und ihrer Manifestation in Film und Fernsehen auch spezifische divergierende Momente des Bezuges auf Staat, Nation und Gesellschaft sichtbar zu machen. Sie begreifen die Kulturindustrie so als universelles Phänomen und zugleich als einen Rahmen, in dem je unterschiedliche gesellschaftliche Verhältnisse sich auch unterschiedlich manifestieren. Ohne zu behaupten, es gäbe eine »amerikanische« oder eine »deutsche« (bzw. »österreichische«) Kulturindustrie, schlägt sich doch in ihren Produkten die geschichtliche und gesellschaftliche Spezifik der verschiedenen Gesellschaften nieder. Im Bezug auf das Verhältnis von Staat und Einzelnem, in der Art, wie sich im kulturindustriellen Schematismus der Bezug auf die Geschichte und darin vermittelt auf die Vorstellung von der Nation darstellt, in der Art, *wie* – und nicht lediglich *dass* – die kulturindustriellen

Produkte sich auf Kategorien von Geschlecht und Herkunft beziehen, versuchen die folgenden Beiträge gerade in der Gegenüberstellung von amerikanischen Produkten der Kulturindustrie und der Populärkultur postnazistischer Gesellschaften auf die unterschiedlichen nationalen Projekte der gesellschaftlichen Formierung unter dem Primat von Staat und Kapital zu reflektieren.

In seinem *Versuch die Kulturindustrie zu verstehen* geht es Gerhard Scheit im ersten Beitrag des Buches einerseits um die Kritik der Kulturindustrie im Horizont der modernen Literatur, andererseits um die Kritik der deutschen Ideologie in der heimischen Produktion vor dem Hintergrund der westlichen Schrittmacher. Während Becketts *Endspiel* die Deformationen vorführt, »die den Menschen von der Form ihrer Gesellschaft angetan werden« (Adorno), üben US-Sitcoms wie *King of Queens* durch die Deformationen hindurch, die sie affirmieren, zivilisatorische Standards ein, wie sie auf einer bestimmten Entwicklungsstufe kapitalistischer Warenproduktion jeweils möglich sind. Anders die deutsche *Tatort*-Industrie: deren Kommissare ermitteln im Auftrag der Volksgemeinschaft und darum sind hier selbst die zivilisatorischen Standards vergiftet. Die Frage, der in diesem Beitrag nachgegangen wird, ist also auch, auf welche Weise die kulturindustriellen Konsumenten sich jeweils mit politischen Instanzen identifizieren. So eröffnet Gerhard Scheit die Kritik des Staats auf diesem Gebiet – und kann dabei auf moderne Kunst und Literatur am wenigsten verzichten.

Tobias Ebbrecht rekonstruiert die Kritik der Kulturindustrie von Adorno und Horkheimer vor ihrem zeitlichen Hintergrund als Reflexion der Tendenzen in der Kultur Nazideutschlands und den Vereinigten Staaten als Exilland. Der Beitrag versucht, in amerikanischen Filmen der 40er Jahre hinter den Standardisierungstendenzen Momente der Reflexion über Geschichte und Gesellschaft aufzuzeigen. Gleichzeitig diskutiert er am Beispiel der amerikanischen und deutschen Populärkultur und ihrem Verhältnis zur Geschichte, inwieweit die *Schemata der Kulturindustrie erst in der Postmoderne zu sich selbst kommen.*

Die von Karin Lederer untersuchte, in der Kulturindustrie dargestellte Zukunft erscheint (in ihren positiven Varianten) als relativ konfliktfrei entstandenes »elektrifiziertes Schlaraffenland mit regem Wissenschaftsbetrieb«, bevölkert von folkloristischen Multi-Kulti-Männern, -Frauen und -Aliens. Im – nach eigenen Angaben – humanistischen und multikulturellen *Star-Trek*-Universum soll Aufklärung und Utopie betrieben werden. Je konkreter und konstruktiver die Utopie sich jedoch geriert, umso mehr tendiert sie dazu, autoritär zu werden oder zumindest das Bestehende zu affirmieren. *Vom utopischen Anspruch in der Science Fiction,* vom Umgang mit Kapitalverhältnis und Religion, und von den Möglichkeiten und Grenzen eines in erster Linie US-amerikanischen Genres, das es in Deutschland in der Form nicht einmal gibt, handelt der Text, der mit einem Zitat Dr. McCoys vom Raumschiff Enterprise titelt: *»Hoffen? Sie halten doch die Hoffnung für einen menschlichen Fehler, Mr. Spock?«*

Florian Ruttner untersucht in seinem Beitrag *CSI, Dupin und Holmes. Über die Wandlung der Rationalität in der Detektivgeschichte* die Veränderung der Darstellung von Vernunft in den Geschichten von Edgar Allan Poe und Arthur Conan Doyle auf der einen, und der Fernsehproduktion *CSI* auf der anderen Seite. Dabei wird der Siegeszug einer instrumentellen Vernunft nachgezeichnet, der das Mittel zum Selbstzweck wird.

Renate Göllner legt anschließend dar, *warum die Desperate Housewives Judith Butler vorzuziehen sind und sie dennoch dabei einschläft.* Die amerikanische Feministin Judith Butler hat bekanntlich keinen Begriff davon, dass diese Gesellschaft im innersten aus den stummen Zwängen kapitalistischer Verwertung besteht und in letzter Instanz durch die Androhung von Gewalt zusammengehalten wird. Die *Desperate Houswives* hingegen, logische Fortsetzung von *Golden Girls* und *Sex and the City,* kommen um solche Erkenntnisse nicht so einfach herum. Bei ihrer Beschäftigung mit Kulturindustrie und dem Geschlechterverhältnis stößt die Autorin auf eine verkehrte Welt: an der Universität triumphiert im poststrukturalistischen Jargon die Kulturindustrie; im Fernsehen hingegen findet die Reflexion statt – freilich nur so weit, wie sie in dieser Gesellschaft ohne Einbuße an Erfolg eben möglich ist.

Dem Zusammenhang zwischen autoritärem Charakter, dem ihm eigenen Schicksalsglauben, seiner Sehnsucht nach dem Opfer und der Kulturindustrie geht Florian Ruttner in seinem zweiten Text nach. Generell etwas verwundert über den Hype zweier Filme, die trotz sehr verschiedener Settings ähnliche Bedürfnisse ansprechen, stieß er auf einer rechtsextremen Homepage auf Fans dieser Filme, was ihn zur Frage trieb, *warum es kein Zufall ist, dass Neonazis Herr der Ringe und Matrix mögen.*

Bibliografie

Adorno, Theodor W. (1997a): Résumé über Kulturindustrie, in: ders.: Kulturkritik und Gesellschaft I, GS 10.1, Frankfurt/M.

Adorno, Theodor W. (1997b): Prolog zum Fernsehen, in: ders.: Kulturkritik und Gesellschaft II, GS 10.2

Adorno, Theodor W. (1997c): Reflexionen zur Klassentheorie, in: ders.: Soziologische Schriften I, GS 8, Frankfurt/M.

Dahlmann, Manfred: Das Rätsel der Macht. Michel Foucaults unfreiwillige Anthropologie, bahamas 26/1998

Hering, Christoph (1938): Die Rekonstruktion der Revolution. Walter Benjamins messianischer Materialismus in den Thesen »Über den Begriff der Geschichte«, Frankfurt/M.

Horkheimer, Max/Adorno, Theodor W. (1987): Dialektik der Aufklärung. Philosophische Fragmente, in: Horkheimer, Max: Gesammelte Schriften Bd. 5, Frankfurt/M.

Huyssen, Andreas (1988): Mass Culture as Woman: Modernism's Other, in: Ders.: After the Great Divide. Modernism, Mass Culture, Postmodernism, Hampshire and London

Kracauer, Siegfried (1971): Die Angestellten. Aus dem neuesten Deutschland, Frankfurt/M.

Maase, Kaspar (1997): Apokalyptiker, Integrierte und Historiker, in: ders.: Grenzenloses Vergnügen. Der Aufstieg der Massenkultur 1850–1970, Frankfurt/M.

Marx, Karl (1962): Das Kapital. Zur Kritik der politischen Ökonomie, MEW 23, Berlin

Nachtmann, Clemens (2006): Freiheitsbewegung und autoritärer Staat. Die Rezeption der kritischen Theorie in der deutschen Studentenbewegung, in: Grigat, Stephan (Hg.): Feindaufklärung und Reeducation. Kritische Theorie gegen Postnazismus und Islamismus, Freiburg

Gerhard Scheit

Becketts Endspiel und King of Queens

Versuch, die Kulturindustrie zu verstehen

»Die Reklame hat den Surrealismus geschluckt« – und die Sitcom das *Endspiel*. Was Adorno in dem der *Dialektik der Aufklärung* beigefügten »Schema der Massenkultur« (Adorno 1997a: 306) erstaunt zur Kenntnis nahm, wäre für *King of Queens* und Beckett scheinbar nur noch zu extrapolieren. Das moderne Kunstwerk wird von der immergleichen Kulturindustrie aufgezehrt. Aber ist es wirklich modern – nicht Präludium postmoderner Beliebigkeit –, finden sich in seiner Form die nötigen Vorkehrungen, die es ungenießbar machen. So hört es nicht auf, das Deformierende noch in der letzten Sitcom zu illuminieren.[1]

Die alten Eltern von Hamm sind auf Becketts Bühne gut in den Haushalt integriert, sie leben in den Mülltonnen, und strecken sie die Köpfe hervor, bekommen sie lediglich zu hören: »Seid ihr noch nicht zu Ende? Kommt ihr nie zu Ende?« (Beckett 1976: 37) Der Vater aus der Serie, die in Queens spielt, haust zwar nicht in der Tonne, sondern im Keller, erscheint er jedoch auf der Szene, zeichnen sich im Gesicht der Tochter und des Schwiegersohns kaum zärtlichere Gefühle ab. Nur lässt die Pointe hier nicht auf sich warten. Zu ihr gehören atmosphärisch die zahllosen abscheulichen, neuen und abgetragenen Pullover und Jacken, womit der rüstige Rentner jedesmal wie ein großer exotischer Fisch aus dem Kellerloch emportaucht. Von allen Bestandteilen dieser Serie scheinen sie am sorgfältigsten assortiert, ja geradezu liebevoll ausgesucht: hier schlägt das Herz der Kulturindustrie. Sitcoms sind schließlich dazu da, den Waren- bzw. Geldbesitzer von einer Werbeeinschaltung zur nächsten zu geleiten, so wie eben dieser nur dazu da ist, damit eine Ware auch wirklich zum Austausch gegen die andere gelangt.

Hamm und Clov in Queens

Die US-Sitcom »The King of Queens« erzählt das Leben von Douglas Heffernan, einem Kurierfahrer aus Queens und seiner wunderschönen Frau Carrie, die als Anwaltsgehilfin in Manhatten (sic) arbeitet. Das glückliche Ehepaar ist eines Tages gezwungen Carries Vater Arthur bei sich wohnen zu lassen, der das Leben der Heffernans ab diesem Zeitpunkt völlig auf den Kopf stellt ... Der Kurierfahrer Douglas ›Doug‹ Heffernan, der in einzigartiger Weise von Comedystar Kevin James dargestellt wird, verkörpert den typischen Durchschnittsamerikaner, der seine Footballmannschaft, seinen Breitbildfernseher und seinen George-Foreman-Grill mehr liebt als alles andere auf der Welt. Der Einfluss seiner Eltern hat Doug in seiner Jugend weltfremd gemacht, sie hielten ihn von allem Bösen fern, schlimme Dinge wurden unter den Tisch gekehrt. Das erklärt Dougs Hang zum Lügen, sein Übergewicht und seine nicht vorhandene Möglichkeit zum Diskutieren.

Seine Ehefrau Carrie, gespielt von Leah Remini, stellt das Gleichgewicht in der Beziehung wieder her. Sie steht mit beiden Beinen im Leben, besitzt im Gegensatz zu Ihrem (sic) Mann eine Top Figur und hat keine Scheu davor zu sagen, was Sie denkt. Gerade das macht die Streit-Szenen zwischen Doug und Carrie einfach einzigartig und schreiend komisch.

Der Dritte im Bunde ist Carries Vater Arthur Spooner, verkörpert von Jerry Stiller. Nach dem Tod seiner Frau zog dieser bei den Heffernans ein und veränderte ihr Leben für immer. Arthur ist der typische Rentner: stur und penetrant! Jerry Stiller spielt diese Rolle, als wäre sie nur für Ihn (sic) geschrieben worden!

Neben den Hauptpersonen gibt es noch einige Nebencharaktere, die immer frischen Wind ins Leben der Heffernans bringen: Holly Shumpert, die Hundesitterin führt Arthur unter der Woche durch den Hundepark, damit Doug und Carrie Ruhe vor ihm haben. Richie Iannucci hat früher mit Doug zusammengewohnt und ist neben Deacon Palmer, Spence Olchin und Danny Heffernan mit Doug befreundet. Die Gang hängt fast jeden Tag zusammen in Doug's (sic) Garage ab.

So gestaltet sich der Alltag der Familie Heffernan jeden Tag aufs Neue aufregend und wir dürfen daran teil haben!

Fazit: The King of Queens startete 1998 in den USA, in der Zeit der Reality Shows. Viele befürchteten, dass der Alltag einer Durchschnitts-Familie zu langweilig für die Zuschauer werden würde, doch weit gefehlt. The King of Queens überzeugt mit seinem einzigartigem (sic) Charme nicht nur Amerika, sondern auch Europa und besonders Deutschland.

www.kingofqueens.tv/kingofqueens,635241,1.html

Vielleicht erklärt sich Letzteres ja aus Dougs Hang zum Lügen und seiner nicht vorhandenen »Möglichkeit zum Diskutieren«, oder seinem Beruf, der in Deutschland und Österreich noch immer als Postbeamter gedeutet werden kann.

Was Doug und Carrie einander zu sagen haben, ist im Kern kaum anderes, jedenfalls nicht mehr als Hamm und Clov:

> *Hamm: Aber es ist immer so abends, nicht wahr, Clov?*
>
> *Clov: Immer.*
>
> *Hamm: Es ist ein Abend wie jeder andere, nicht wahr, Clov?*
>
> *Clov: Es scheint so.*
>
> *(25)*
>
> *Clov* (überdrüssig): *Dieselbe Replik.* (Pause) *Du hast mir diese Frage millionenmal gestellt.*
>
> *Hamm: Ich liebe die alten Fragen.* (Schwungvoll) *Ah, die alten Fragen, die alten Antworten, da geht nichts drüber.*
>
> *(57)*

Von solchem Schein und Schwung lebte seit je Kulturindustrie. Die Worte, sagt Adorno übers *Endspiel*, »klingen wie Notbehelfe, weil das Verstummen noch nicht ganz glückte, wie Begleitstimmen zum Schweigen, das sie stören« (Adorno 1997b: 304). Die Sitcom macht aus den Notbehelfen Pointen am laufenden Band und übertönt das Schweigen mit dem eingespielten laugh-track.

In *King of Queens* ist Arthur derjenige, der noch etwas wie Liebesabenteuer hat oder von solchen aus eigenem Erleben zu erzählen weiß; bei Beckett haben überhaupt nur die Eltern von Hamm, die in den Mülltonnen stecken, greifbare Erinnerung an Liebe und Leben, machen noch Liebe – das sieht aber dann so aus:

Nell: Was ist denn mein Dicker? Pause. *Willst Du wieder mit mir.*

[...]

Die Köpfe nähern sich mühsam einander, ohne sich berühren zu können, und weichen wieder auseinander.

Nell: Warum diese Komödie, jeden Tag?

Pause.

Nagg: Mein Zahn ist ausgefallen.

Nell: Wann denn?

Nagg: Gestern hatte ich ihn noch.

Nell elegisch: *Ah, gestern!*
(27)

Diese Liebe hat auch ihre Krisen, die nicht zu bewältigen sind – eine wirkliche Ehe, bis dass der Tod sie scheidet:

Nell: Ich werde dich verlassen.

Nagg: Kannst du mich vorher noch kratzen?

Nell: Nein. (Pause) *Wo?*
(33)

Im *Endspiel* leben die Figuren mitsamt ihren körperlichen Bedürfnissen und Gebrechen fort, verleugnen nicht die Leiblichkeit, der sie ausgeliefert sind, aber eigentlich ist alles längst zu Ende, die Katastrophe hat bereits stattgefunden.

Clov: Es gibt keine Natur mehr.

Hamm: Keine Natur mehr! Du übertreibst.

Clov: Ringsherum.

Hamm: Wir atmen doch, wir verändern uns! Wir verlieren unsere Haare, unsere Zähne! Unsere Frische.

(21)

Außenaufnahmen sind auch in *Queens* eher selten, manchmal ganz überflüssig. Es gibt keine Natur mehr. Das Haus, das man nur am Anfang der Studioaufnahmen von außen sieht, ist wirklich die Beziehungskiste, und darin liegen ungeordnet die Pullover mit den verschiedenen Mustern, über die man aber lachen kann. Die Beziehung von Carrie und Doug ist von den Gegenständen ihres Haushalts nicht zu trennen, Gefühle und Denken des Sitcom-Personals sind stets ans Studioinventar gefesselt wie bei Beckett Hamm an den Sessel, den Clov hin- und herschiebt. Das Bett und die Küche geben vor, wie von den letzten Dingen gesprochen, die Frage von Sein oder Nichtsein gestellt wird: soll man's nun treiben oder nicht; soll man abnehmen oder weiteressen? Bei Beckett übernimmt Clov vielfach die Rolle der Frau – aber jenseits des Geschlechtsunterschieds; von der Hegelschen Dialektik zwischen Herr und Knecht bleibt eine leere Hülle – der Dialog: »Wozu diene ich denn?« – »Mir die Replik zu geben.« (83 f.) Die Arbeit des Knechts führt, zu Ende gedacht, in den Tod: »Ich liebe die Ordnung«, sagt Clov, als wäre er Bree aus *Desperate Housewives:* Die Ordnung »ist mein Traum. Eine Welt, in der alles still und starr wäre und jedes Ding seinen letzten Platz hätte ...« Und dann sagt er noch: »unterm letzten Staub« (83).

Hamm: Ich werde dir nichts mehr zu essen geben.

Clov: Dann werden wir sterben.

Hamm: Ich werde dir gerade soviel geben, daß du nicht sterben kannst. Du wirst die ganze Zeit Hunger haben.

Clov: Dann werden wir nicht sterben.

[...]

Hamm: Du magst mich nicht.

Clov: Nein.

Hamm: Früher mochtest du mich.

Clov: Früher!
(15–17)

In Queens ist derselbe Dialog jedesmal zur Pointe zugespitzt, um Desaster und Verzweiflung, wo immer sie sich zwischen den Personen andeuten, durchs Lachen aus dem Off stets aufs Neue wegzuwischen. Bei Beckett wiederum wird von den Bühnenfiguren ausdrücklich beschlossen, gleich zu lachen. Auch er bastelt ab und zu eine Pointe, aber sie fällt so plump aus, dass man darüber verzweifeln könnte:

Hamm: Warum tötest du mich nicht?

Clov: Ich weiß nicht, wie der Speiseschrank aufgeht.
(17)

Das wurde aus Humor »ohne einen Ort von Versöhnung, von dem aus sich lachen ließe« (Adorno 1997b: 300) –

und wo es einmal möglich schien, hat sich fast immer ein repressives Kollektiv eingenistet. Es ist aber nicht so, wie Adorno meint, dass es »zwischen Himmel und Erde« nichts »Harmloses« mehr gebe, »das erlaubte, belacht zu werden« (ebd.). Es ist schlimmer, sagt Becketts *Endspiel:* dieses Harmlose gibt es nach wie vor – und das Lachen, das von ihm provoziert wird, macht erst ganz unerträglich, dass es jenen Ort von Versöhnung nicht gibt. Darin liegt die Nähe von Becketts Antipointe zum jüdischen Witz: indem sie an dem hartnäckig Körperlichen festhält, auf das Komik regrediert, verweist noch das Harmloseste, mit dem jeder rechnen muss, auf das Schlimmste, das bereits geschah.

Doug und Carrie bei Beckett

Der Unterschied zwischen Sitcom und Antidrama ist, dass jeder Mann, jede Frau, mit Doug und Carrie und Arthur sich jederzeit identifizieren kann, und das wird nur möglich, weil umsichtig für ständige Abwechslung im Immergleichen gesorgt wird – der Pullover-Muster wie der Beziehungskonflikte. Im Durchschnitt vermutlich alle 30 Sekunden eine Pointe, das ist der *Beat,* das durch die Werbeeinschaltung vorgegebene Metrum, der »stählerne Rhythmus« (Adorno / Horkheimer 1997: 140). »Für alle ist etwas vorgesehen, damit keiner ausweichen kann, die Unterschiede werden eingeschliffen und propagiert«, so heißt es schon im Kulturindustrie-Kapitel der *Dialektik der Aufklärung* von Adorno und Horkheimer: »Die Belieferung des Publikums mit einer Hierarchie von Serienqualitäten dient nur der umso lückenloseren Quantifizierung. Jeder soll sich gleichsam spontan seinem vorweg durch Indizien bestimmten ›level‹ gemäß verhalten und nach der Kategorie des Massenprodukts greifen, die für seinen Typ fabriziert ist.« (144) Darin liegt das »Ideal des Natürlichen in der Branche«, ihre Matadore sind die, »welche den Jargon so leicht und frei und freudig sprechen, als ob er die Sprache wäre, die er doch längst verstummen ließ« (149).

Im *Endspiel* findet sich umgekehrt die Abwechslung als Funktion des Immergleichen dargestellt; da vergeht einem der alles und jeden identifizierende Humor, der in der Sitcom zur Sicherheit auch noch vom Gelächter des unsichtbaren Publikums kommandiert wird. Beckett verlängert »die Fluchtbahn der Liquidation des Subjekts bis zu dem Punkt, wo es in ein Diesda sich zusammenzieht, dessen Abstraktheit, der Verlust aller Qualität, die ontologische buchstäblich ad absurdum führt, zu jenem Absurden, in das bloße Existenz umschlägt, sobald sie in ihrer nackten sich selbst Gleichheit aufgeht.« (Adorno 1997b: 287) Und mit diesem Diesda sich zu identifizieren, ist unerträglich, denn es gesteht seine eigene Überflüssigkeit vollständig ein und geht ohne Witz in den Dingen auf, verliert todernst jegliche Kontur: »trübselige Einzelheiten, die des Begriffs spotten, eine Schicht aus Utensilien wie in einer Notwohnung, Eisschränken, Lahmheit, Blindheit und unappetitlichen Körperfunktionen. Alles wartet auf den Abtransport. Diese Schicht ist nicht symbolisch, sondern die des nachpsychologischen Standes wie bei alten Leuten und Gefolterten.« (293).

Zu recht betonten Adorno und Horkheimer, wie wenig bei den psychologischen Mechanismen avancierter Kulturindustrie noch von naiver Identifikation – einer, in der man sich verlieren könnte – ausgegangen werden kann. Sie würde ein kontinuierliches Gefühl von Ähnlichkeit voraussetzen. Die Kulturindustrie aber »hat den Menschen als Gattungswesen hämisch verwirklicht. Jeder ist nur noch, wodurch er jeden anderen ersetzen kann; fungibel, ein Exemplar. Er selbst, als Individuum, ist das absolut Ersetzbare, das reine Nichts, und eben das bekommt er zu spüren, wenn er mit der Zeit der Ähnlichkeit verlustig geht.« (Adorno / Horkheimer 1997: 168) Das Hämische ist in jeder Hinsicht wörtlich zu nehmen, und im laugh-track, der von Possen- und Kabarett-Darbietungen abkopiert wird, tritt es am unmittelbarsten zutage: als diktiertes verhält sich das Lachen noch hämisch gegenüber dem Lachen selber, das doch nur in der Spontaneität jedes einzelnen die Gesellschaftlichkeit des Gattungswesens realisiert. Hier ist das impulsiv Gesellschaftliche zum mechanischen Gebell regrediert, in das jeder Zuschauer, ohne konditioniert zu sein, einstimmt. Dabei nützt es übrigens gar nichts, ja macht alles nur noch schlimmer, wenn man die Lachspur einfach weglässt, wie es in den entsprechenden Produktionen aus Deutschland und Österreich gern geschieht. Allein durch den Rhythmus des Dialogs, der regelmäßigen Wiederkehr der Gags darin, ist das Lachen eingebaut, auch wenn es nicht gesendet wird. Die Stille in diesen Sitcoms ist dann nur peinlich und bringt die Heuchelei zum Ausdruck, die immer schon das Gerede von der »gehobenen Unterhaltung« bestimmte.

Das Produkt jedenfalls »zeichnet jede Reaktion vor: nicht durch seinen sachlichen Zusammenhang – dieser zerfällt, soweit er Denken beansprucht – sondern durch Signale.« (159) Als Produkt von Arbeit ist seine Wirkung selbst nur »Verlängerung der Arbeit«. Die Mechanisierung hat solche Macht über den »Freizeitler« und sein Glück, sie bestimmt so gründlich die Fabrikation der Amüsierwaren, dass er nichts anderes mehr erfahren kann »als die Nachbilder des Arbeitsvorgangs selbst.« (158 f.) Damit hängt nun aber der versagende Charakter dieser Waren zusammen, der sie definitiv von allen anderen unterscheidet und folglich den Begriff der Kulturindustrie zuinnerst bestimmt: denn soweit deren Produkte nicht selber unmittelbar Reklame sind, fungieren sie notwendig immer als Reklame für den Verzicht. Es ist, als wären ihre Konsumenten von Bild und Musik gebannt, damit sie leichter die Waren entbehren, die sie sich doch nicht leisten können, deren Konsum indessen durchaus Lust auf ein Leben ohne Versagung machen könnte.

Wie sehr die Amüsierwaren auch aufs Sexuelle anspielen, sie unterdrücken es systematisch, wo es der Verlängerung der Arbeit zuwiderläuft. Pornographie macht darauf die Probe: sie befriedigt nur am Fließband; und im Beat der Unterhaltungsmusik fällt wirklich der Rhythmus, der aufs Ficken anspielt, mit dem des militärischen Marsches und der mechanisierten Arbeit zusammen.

»Kulturindustrie ist pornographisch und prüde« im Gegensatz zu Kunst, die »asketisch und schamlos« ist (162). Auch diesen Gegensatz wird man durch die Konfrontation von *Endspiel* und *King of Queens* bestätigt finden. »Gerade weil er nie passieren darf, dreht sich alles um den Koitus.« (163) Die Versagung triumphiert in der Suggestion der Lust: Der vorgetäuschte Orgasmus ist das Prinzip der auf den heutigen Stand gebrachten kulturindustriellen Produkte. Sie haben die sexuelle Revolution bereits hinter sich.

Den Geschlechtsakt hinauszuzögern und darin die gesellschaftlichen Konflikte auf komische Art zu entfalten, war einmal das Gesetz der Komödie seit Aristophanes. Die Kulturindustrie abstrahiert aber noch vom Leib als der Voraussetzung der Lust: es soll auch keine inwendige Natur mehr geben, es sei denn als bloßes Mittel zur Konkurrenz. Vom Leib bleiben nur noch das Pullovermuster, die Frequenz des Koitus und die Zahl der zugenommenen oder abgenommenen Kilos als Gegenstand der Lacher. Das Abstrahierte wird mit einer zweiten Körperlichkeit ausgestattet, wodurch es wieder lebendig erscheint – aber man hat es definitiv mit Gespenstern zu tun: der Pullover sieht aus wie ein Mensch, das Schlafzimmerinventar kopuliert und das Essen verschwindet aus dem Kühlschrank. Die Individuen sind nur Durchgangspunkt der Verwertung des Werts. Befriedigen sie ihre Bedürfnisse, so ist diese Lust niemals Selbstzweck. Zur Aufgabe der Kulturindustrie wurde es, sie mit diesem Verzicht glücklich zu machen, ihn selbst als Befriedigung zu imaginieren. Verräterisch ist nur das immerwährende Grinsen: »Schadenfreude über jede gelungene Versagung« (162). Genau darin parodiert das »Kollektiv der Lacher« die Menschheit und sieht zu, dass sie sich nicht verwirkliche. Während in Komödien von Aristophanes und Nestroy der Aufschub der Lust das Lachen einlässt, grinsen die Konsumenten der Kulturindustrie über die Versagung als verewigte: »Sie sind Monaden, deren jede dem Genuß sich hingibt, auf Kosten jeglicher anderen, und mit der Majorität im Rückhalt, zu allem entschlossen zu sein.« (163) Die Schadenfreude wird angetrieben durch die Angst, im eigenen Leben nicht auf seine Rechnung zu kommen, das Glücksversprechen der Gesellschaft verschwindet in der Glückskonkurrenz, im Ranking unglücklicher Warenhüter: Wer mehr Lust hat im Leben, hat gewonnen, alle anderen sind Verlierer. Das ist die Quantifizierung, die auf der Seite des Konsumenten die Abstraktion vom wirklichen Glück bewerkstelligt. Und hinter ihr lauert schon die Mehrheit, die ihn zum unwerten Leben stempelt.

Das Lachen ist der eigentliche Identifikationsmechanismus, und er schießt über die Identifikation selbst noch hinaus: wird nur hämisch genug gelacht, so kann die kulturindustrielle Komödie sogar auf Identifikationsfiguren verzichten: Häme wird so überwältigend, dass von ihnen nichts mehr übrig bleibt – so im Genre der »bösen«, zynischen Sitcoms (à la Al Bundy bzw. *Married ... with Children*, dt.: *Eine schrecklich nette Familie*). Die Kulturindustrie erreicht dann auf direktem Weg und in bestimmter Hinsicht auf ehrlichere Weise, was sie sonst über allerlei

Umwege und verlogen realisiert: die einzelnen ans scheinbar Unvermeidliche zu fixieren, sie nochmals zu dem zu machen, »was sie ohnehin sind, nur noch mehr so, als sie es ohnehin sind« (Adorno 1997c: 508). Ist das Ziel nämlich erreicht, identifiziert sich der Zuschauer feixend bloß mit sich selber – in der Gewissheit, dass nur er über die anderen lachen kann, nicht aber die anderen über ihn – Vollendung der Schadenfreude und zugleich Regression in die noch ungebrochen narzisstische Phase, die aber jetzt mit dem Kollektivbewusstsein der erwachsenen Monaden zusammenfällt. Der infantil gewordene Narziss vor dem Fernsehgerät, der über jede gelungene Versagung lacht, weiß die Majorität hinter sich. Darin erscheint das Genre des laugh-tracks als Quintessenz aller Kulturindustrie – als letzte, unüberbietbare ihrer Formen, in der alle anderen aufgehen; als Schluss, den Kulturindustrie selber aus ihnen zieht. In solcher Offenherzigkeit könnte es mitunter fast schon als Kritik gelten, die sich zu den großen Hollywoodproduktionen und Fernsehsagas der Vergangenheit verhält wie das *Endspiel* zur Shakespearschen Königstragödie oder zum historischen Roman des aufkommenden Bürgertums.[2] Denn der Überschuss in der übermütigen Identifikation scheint geradezu die Selbstkritik des Subjekts zu intendieren, und dennoch wird im Resultat die allgemeine Schadenfreude bestenfalls zur Selbstironie des Einzelnen sublimiert, der sich dann eben doch mit allem abfindet, wie es ist, wenn ihm nur nicht langweilig wird dabei. Die Ironie, die durch die Distanz entsteht, gewinnt keine Schärfe, potenziert sich nicht zur Kritik, da die Distanz selber immer wieder eingezogen wird durch ein Medium, das seine Formen verleugnet.

Weil dieses Medium wirklich die Botschaft ist und wer sie empfängt im fatalsten Sinn ein Zuschauer; weil das Medium dem Zuschauer etwas vermittelt, die Vermittlung selbst aber – anders als in der ästhetischen Formgebung – ausblendet, erhält er unwillkürlich das Gefühl, überall und unmittelbar dabei sein und an allem und jedem Schaden sich erbauen und erheitern zu können, ohne selber auch nur in irgendeiner Weise in Frage oder vor Konsequenzen gestellt, gefährdet oder verletzt zu werden. Jede Minute vor dem Fernseher beweist ihm so die eigene Unantastbarkeit aufs Neue: und diese gleichsam überirdische Existenz des absolut Vereinzelten wird ganz unbewusst als vollkommenes Gemeinschaftsgefühl erfahren. Darum die Sucht auf der ganzen Welt nach den elektronischen Bildern, die doch nur als religiöses Phänomen zu begreifen wäre. Aber es ist eine lustige Religion.[3] Der versteckte Sadomasochismus des Christentums hat sich zur offenen Schadenfreude der Televisionäre entwickelt.

Wie sie der Lust durch ihre Lustigkeit entsagen, so verleugnen sie darin das Leiden. Der Leib erscheint niemals als ein »quälbarer« (Brecht), sondern die Schmerzen werden nur vorgeführt, um der Schadenfreude Gelegenheit zu geben. Dagegen ist nur das *Endspiel* gefeit: Indem es das Scheitern sexueller Erfüllung schamlos vorführt, wird der Gedanke gerettet, dass es sie geben könnte. Zugleich erscheint der Leib als Quelle allen Leidens. Das Altern wird so fast unabdingbar zum Gegenstand von Becketts Kunst.

In Schadenfreude wie Versagung, totalisiert von Kulturindustrie, witterten die Autoren der *Dialektik der Aufklärung* das Äußerste: Verschiebung der »Befriedigung auf den Tag des Pogroms« (160). Das ganze Kapitel hat einen apokalyptischen Ton, der eigenartig mit den auf den ersten Blick doch läppischen Gegenständen, den Amüsierwaren, kontrastiert. Fast jeder Satz beschwört jenes Äußerste, die Formulierung rast vom kleinen Detail zur allumfassenden Katastrophe und gewinnt daraus ihre Prägnanz. Und das verstört viele, die dieses Buch zur Hand nehmen, es erscheint als eine Art hysterische Theoriebildung. Der Ton kündet nun nicht so sehr, wie das oft behauptet wurde, vom Schock der Emigranten über die in den USA im Vergleich zu Europa bereits viel weiter gediehene Kulturindustrie. Es liegt darin vielmehr die namenlose, den Autoren selbst kaum schon bewusste Angst, die Kulturindustrie wäre imstande, das amerikanische Publikum und das der ganzen westlichen Hemisphäre letztlich auf Appeasement zu konditionieren, sie produziere überall die mentalen Voraussetzungen für den Siegeszug des nationalsozialistischen Deutschland. Der Text scheint wie im Zustand der Panik verfasst, in dem alles ineinander zu fallen droht: Der Konsument der Kulturindustrie ist »virtuell schon der Nazi« – wenn auch nicht unbedingt, es kann auch ein relativ harmloser »Großstädter« herauskommen, der einfach nur gleichgültig sich verhält (178 f.); das Radio ist »für den Faschismus wie gegossen«, aber nur in den wirklich faschistisch gewordenen Ländern ist es auch schon »das universale Maul des Führers« (182).

Kurz nach dem Kriegseintritt der USA entworfen und kurz vor der Landung in der Normandie abgeschlossen, schlägt sich darin noch immer und nahezu ungemildert der Schockzustand nieder über die grenzenlosen Erfolge Hitlers in Europa. Das Misstrauen, das die Mitarbeiter des Instituts nicht hinderte, mit Nachdruck sich nun zu den USA zu bekennen und aktiv zum *war effort* beizutragen, bleibt hier in der Kritik tonangebend: auf jeder Seite des Kulturindustrie-Kapitels hört man die Angst heraus, die Konfrontation mit dem Dritten Reich wäre nicht fundamental und nachhaltig genug, und das Appeasement könnte wiederauferstehen. Diese Angst war wohlbegründet: die aus Deutschland Geflüchteten konnten im Exilland kontinuierlich Erfahrungen mit Antisemitismus und autoritärem Bewußtsein sammeln, vor allem auch in ihren Studien zur empirischen Sozialforschung (vgl. *Studies in the Authoritarian Personality*, Adorno 1997d) – und nicht zuletzt in den Massenmedien (vgl. *The Psychological Technique of Martin Luther Thomas' Radio Addresses*, Adorno 1997e).

Zum Glück eines Besseren belehrt, was die Einschätzung der politischen Entschlossenheit der USA im Krieg betrifft, mussten schließlich die Autoren bis in die späten 60er Jahre zögern, einer Neuauflage der *Dialektik der Aufklärung* zuzustimmen.[4] Die Entwicklung zur »totalen Integration«, heißt es dann im neuen Vorwort von 1969, sei »unterbrochen« worden, das erfordere »Parteinahme für die Residuen von Freiheit, für Tendenzen zur realen Humanität« (Adorno/Horkheimer 1997:9). Mit dieser Unterbrechung kann nun allein die politische Intervention, letztlich: der Sieg der Alliierten über den Nationalsozialismus, gemeint sein, wurde doch die Entwicklung der Kulturindustrie keineswegs unterbrochen, vielmehr durch den Sieg der westlichen Alliierten in Europa und auf der ganzen Welt unerhört beschleunigt. Ob darum in den Waren der Kulturindustrie selber Residuen der Freiheit, Tendenzen zur realen Humanität zu entdecken sind, dieser Frage haben Adorno und Horkheimer sich merkwürdigerweise kaum noch gestellt. Dabei könnte sie vielleicht am prägnantesten in dem Versuch, das *Endspiel* zu verstehen, formuliert werden.[5]

Samuel Beckett zeige als menschlich Typisches einzig die Deformationen vor, »die den Menschen von der Form ihrer Gesellschaft angetan werden« (Adorno 1997b: 299). Seine Figuren, die zu Entscheidung und Handlung unfähig sind, es sei denn, die Mülltonne zu öffnen oder den Stuhl zu verrücken, demonstrieren, wie es mit dem Anspruch auf Autonomie des Individuums wirklich steht.

> *Hamm: Ich fühle mich etwas zu weit links.* (Clov schiebt den Sessel unmerklich weiter. Pause) *Jetzt fühle ich mich etwas zu weit rechts.* (Dasselbe Spiel.) *Jetzt fühle ich mich etwas zu weit vorn.* (Dasselbe Spiel.) *Jetzt fühle ich mich etwas zu weit zurück.* (Dasselbe Spiel.) *Bleib nicht da!* (d. h. hinterm Sessel.) *Du machst mir angst.*
>
> Clov kehrt an seinen Platz neben dem Sessel zurück.

Clov: Wenn ich ihn töten könnte, würde ich zufrieden sterben.
(43)

Die Protagonisten Becketts sagen im Grunde alles, was jenseits der Kritik der politischen Ökonomie übers »Naturgesetz« dieser Gesellschaft und über deren Bewusstseinszustand zu sagen ist: »Irgend etwas geht seinen Gang« (25, 49) – und: »Ich bin nie dagewesen [...] Abwesend immer. Alles ist ohne mich vorgegangen. Ich weiß nicht, was geschehen ist.« (105)

Die US-Sitcoms wiederum üben durch die Deformationen hindurch, die sie affirmieren, und im selben Maß, in dem sie Spontaneität verkümmern lassen, zivilisatorische Standards ein, wie sie auf einer bestimmten Entwicklungsstufe kapitalistischer Warenproduktion jeweils möglich sind – eben jene diversifizierten »levels«, von denen Adorno und Horkheimer so verächtlich sprechen. Sie sind nötig, damit der Warenverkehr reibungslos funktioniert. »Wenn ich ihn töten könnte, würde ich zufrieden sterben« – aber ich darf ihn nicht töten, denn dann kommen die Cops und bringen mich zuletzt womöglich auf den Stuhl, der sich nicht mehr verrücken lässt: darum kauft sich das Individuum, das der Souverän zur Rechtsperson stempelt, lieber die Waren, die für sein Geld erschwinglich sind, genießt das Leben, soweit das als Rechtsperson und Warenhüter möglich ist, und schaut sich eine Sitcom an, die das Leben noch einmal zu dem macht, was es ohnehin schon ist: »Irgend etwas geht seinen Gang.« Der Bürger weiß nicht, was, nur, dass es grosso modo ohne ihn genauso geht. Solange er aber mit von der Partie ist, will er auch etwas davon haben, und wenn die anderen Bürger ihn dabei nicht stören, können sie das auch. Nagg will seinen Brei, ja sogar Pralinen, und er bekommt immerhin ein Stück Zwieback.

So lauten in etwa die Voraussetzungen der Emanzipation in der westlichen Gesellschaft, nicht zuletzt die der Schwarzen, der Frauen und der Schwulen. In den Standards des Zusammenlebens, die darin liegen und aus deren Selbstverständlichkeit die Sitcoms mitunter ihre besten Witze gewinnen, bleibt der Anspruch auf Autonomie negative Allgemeinheit: Anspruch darauf, ohne Vertrag nicht ausgebeutet und erniedrigt zu werden – und das noch gegen die Anforderungen des Familienlebens. Wer diese levels verinnerlicht, schwört damit jedoch nicht automatisch dem Anspruch auf wahre Autonomie ab, erhofft sich nicht unbedingt Gewinn davon, sie ein für allemal zunichte zu machen und mit dem Bruch aller Verträge auch die Versprechen der bürgerlichen Gesellschaft zu dementieren – eine Hoffnung, wie sie aber diejenigen beflügelte, gegen die Arthur, der alte Mann aus dem Keller von *King of Queens,* einstmals nicht im grellen Pullover, sondern in Uniform zu Felde zog: er kämpfte nämlich als US-Soldat gegen die Deutschen an der italienischen Front. Die Reklamesendungen, denen die Sitcom sich verdankt (und die wegzulassen staatliche Fernsehanstalten in Europa sich gerne als kulturelles Verdienst anrechnen), verweisen auch hier auf das allein Wesentliche, und sie sind es auch, die von der Leiblichkeit niemals ganz abstrahieren können. Gerade die Kompensation durch den Warenkonsum – das kleine Glück, das doch, wie verstellt auch immer, ein leibliches Bedürfnis im Sinn hat – nimmt der Versagung, die nun einmal kulturindustriell eingeübt werden muss, das gefährlichste Potenzial: in ihr selber nämlich das große Glück zu sehen, das alle anderen Bedürfnisse auslöscht; im Opfer, das einer bringt, Erlösung fürs Ganze zu halluzinieren. Der Konsum amerikanischer Amüsierwaren in Deutschland und Österreich – von Jazz bis Sitcom, Elvis Presley bis South Park – hatte darum meist etwas Zivilisierendes.

Diese Dialektik der Aufklärung kommt bei Adorno und Horkheimer zu kurz. Sie ließ sich subjektiv vielleicht erst wahrnehmen, nachdem der Nationalsozialismus besiegt war, mit seiner unmittelbaren Wiederauferstehung nicht mehr gerechnet werden musste. Die Bemerkung, die in Klammern ursprünglich am Ende des Kulturindustrie-Kapitels stand: »fortzusetzen« ging aber notwendig ins Leere. Denn die Kritik lief in ihrer ursprünglichen Konzeption darauf hinaus, dass im Unterschied zur früheren bürgerlichen Gesellschaft, wie sie noch Marx vor Augen hatte, nunmehr der Tauschwert selber konsumiert werde: »Was man den Gebrauchswert in der Rezeption der Kulturgüter nennen könnte, wird durch den Tauschwert ersetzt, anstelle des Genusses tritt Dabeisein und Bescheidwissen, Prestigegewinn anstelle der Kennerschaft.« (Adorno / Horkheimer 1997: 181) Damit wird ein gesellschaftlicher Zustand unterstellt, worin der Tauschwert ohne Gebrauchswert weiter existieren könne und als solcher fungiert er dann in der Theorie als Beute der Rackets: Mehrwert und Raub fallen zusammen. Adorno pointiert das noch einmal in der Zueignung der *Minima Moralia* an Max Horkheimer, die das Moment perhorreszierender Beschwörung einbekennt: »Wird einmal der Schein des Lebens ganz getilgt sein, den die Konsumsphäre selbst mit so schlechten Gründen verteidigt, so wird das Unwesen der absoluten Produktion triumphieren.« (Adorno 1997f: 14) Ohne den Schein des Lebens kann es aber keinerlei Produktion mehr geben, soll der Begriff des Scheins noch einen philosophischen Sinn haben und nicht feuilletonistische Phrase sein: Tote produzieren nichts. Offenkundig meint diese Vorstellung von absoluter Produktion etwas anderes: das genaue Gegenteil von Produktion.

Die Verkürzung der Dialektik resultiert auf den ersten Blick nur aus einer bestimmten Auffassung von Krisenbewältigung und Staatskapitalismus, wonach der Markt an sich am Ende sei und die Zirkulationssphäre vollkommen abgebaut werde, die Interventionen des Staats im Rahmen von deficit spending und Aufrüstung also die Marxschen Kategorien der Kritik der politischen Ökonomie außer Kraft setzen würden. Adorno und Horkheimer folgten darin den Annahmen Friedrich Pollocks von einer weitgehend harmonischen Aufhebung der Widersprüche im staatskapitalistischen System; sie taten es gegen den Einspruch von Franz Neumann oder Sohn-Rethel, die in je verschiedener Weise auf den kataklystischen Widersprüchen kapitalistischer Verwertung beharrten, und wider ihre eigene Einsicht ins Fortbestehen von Markt- und Konkurrenzverhältnissen gerade in den Branchen der Kulturindustrie (Nachfrage, glaubten sie, sei nur hier noch nicht durch simplen Gehorsam substituiert).

Es ist aber im Grunde ein erster Versuch, das Unfassbare zu fassen – provoziert von der Krise, die das Schlimmste in Aussicht stellte und zugleich unkenntlich werden ließ. Die von Marx herrührende Erkenntnis, dass die bürgerliche Gesellschaft vom Äquivalent beherrscht wird und nur durchs Äquivalent hindurch von einer Klasse, mochte angesichts des drohenden Stillstands der Verwertung schon wieder verdrängen, wodurch sie selbst überhaupt möglich wird. Von der Herrschaftsform des Äquivalents kann letztlich nur gesprochen werden, wenn das der Form Preisgegebene und vom Äquivalent Subsumierte nicht einfach der Vergessenheit anheimfällt und aus der Analyse verschwindet – gerade dieses unaufhebbar Stoffliche zwingt Herrschaft Gestalt anzunehmen und Farbe zu bekennen. Marx war diese Bedingung der Möglichkeit der eigenen Kritik noch so geläufig, dass er sie in der Wertformanalyse gleichsam durchführen konnte wie die Komponisten der Wiener Klassik das Thema der Sonate: ohne zu sagen, was er eigentlich tat. In einer Situation aber, da der Wert sich weltweit nicht mehr verwertete, der Staat sich in ein Konglomerat von Räuberbanden und Wohlfahrtsvereinen umbildete, schienen Form und Inhalt, Tauschwert und Gebrauchswert ein für allemal auseinanderzubrechen, und bei ihrer Analyse droht umgekehrt das eine im anderen zu diffundieren. Die *Dialektik der Aufklärung* hält trotzdem ihre Einheit als Nichtidentisches, die es allein ermöglicht zu denken, wenigstens an einer Stelle fest: im ersten Kapitel wird dargelegt, dass sich »in der Herrschaft das Moment der Rationalität als ein von ihr auch verschiedenes« durchsetzt (Adorno / Horkheimer 1997: 54). Hob es aber der Nationalsozialismus in der Vernichtung wirklich auf, worüber sich Horkheimer und Adorno zu diesem Zeitpunkt noch hinwegtäuschen konnten, erhielt sich dieses Moment in eben jenem Staat, für dessen Kriegsanstrengungen ihr Institut sogleich seine Mitarbeiter bereitstellte. Mit emphatischem Hinweis auf diese Differenz hatte schon Mitte 1940 das Vorwort der *Zeitschrift für Sozialforschung* begründet, warum sie ab nun in englischer Sprache erscheinen werde: »Philosophy, art and science have lost their home in most of Europe. (...) America, especially the United States, is the only continent in which the continuation of scientific life is possible. In publishing our journal in its new form we wish to give this belief its concrete expression.« *(Zeitschrift für Sozialforschung* 8. Jg. / 1940: 321)

Der entscheidende Widerspruch, wonach sich in der Herrschaft das Moment der Rationalität als ein von ihr auch verschiedenes durchsetzt, wäre auf die Kritik der Kulturindustrie erst noch anzuwenden. Horkheimers frühe Bemerkungen über Racket und Recht, woran die Stelle aus dem ersten Kapitel unmittelbar anschließt, wie Adornos spätere Heidegger-Kritik und seine *Negative Dialektik* bieten dafür die geeigneten Orientierungspunkte. Und die Analysen, die Siegfried Kracauer über den deutschen

Film verfasste, zeigen vielfach exemplarisch, wie eine solche Kritik im Konkreten anzulegen wäre. Kracauer schloss seine Studie *Von Caligari zu Hitler* Mitte 1946 ab. In ihrer schärferen Charakterisierung deutscher Ideologie, der Passagen der *Minima Moralia* und der *Jargon der Eigentlichkeit* zur Seite zu stellen sind, zeugt sie indirekt auch von einem neugewonnenen Vertrauen in die Stabilität der US-amerikanischen Gesellschaft, die wirklich Gesellschaft im emphatischen Sinn ist, wie Kracauer erfuhr, der sich mühevoll aber entschlossen in Amerika assimilierte und sein Buch bereits in englischer Sprache schrieb. Nach einem Deutschlandbesuch 1958 »schauderte« es ihm: »Die Tatsache, daß es in Deutschland nie eine Gesellschaft gab, zeigt sich erschreckend. Die Leute sind völlig formlos und unkanalisiert, sie haben kein Außen. (...) Kurzum ich traue ihnen nicht. Und was herauskäme im Falle einer ökonomischen oder politischen Krise, wage ich mir gar nicht auszudenken.« (Brief an Leo Löwenthal, 27. 10. 1958; zit. n. Brodersen 2001: 125) Diese Formlosigkeit an den Produkten der postnazistischen Kulturindustrie zu analysieren und von den Kanalisierungen der Affekte in denen amerikanischer Provenienz abzuheben – das versäumte man weitgehend im remigrierten Institut für Sozialforschung, wobei doch das *Gruppenexperiment* mit seinen Analysen des Bewusstseinszustands der Deutschen nach 1945 bereits die besten Voraussetzungen dazu geboten hätte.

Dabei wäre kein Jota der einstigen Kritik zurückzunehmen und jede Deformation als solche zu denunzieren. Nur ist zu überlegen, ob nicht schon in der Formulierung des Begriffs Kulturindustrie eigentlich der Frage des Staats ausgewichen wird, und zwar zugunsten einer diffusen Vorstellung von Macht; ob gerade dadurch nicht ungeklärt bleibt, auf welche Weise die Konsumenten der Kulturindustrie sich jeweils mit politischen Instanzen identifizieren; ob also nicht die Kritik des Staats auf diesem Gebiet erst noch zu eröffnen wäre. Eine solche Zuspitzung der Kritik erscheint umso nötiger, als die deutsche Ideologie, belehrt durch Lacan, inzwischen neuen Ehrgeiz entwickelt hat, die Negativität der Kritischen Theorie zu bekämpfen, und – wie August Ruhs und die sogenannte Neue Wiener Gruppe – in der Kulturindustrie auf Sinnsuche geht, nach solchen »Alltagsmythen« Ausschau haltend, »die in gemeinschaftsstiftender Weise Hilfen anbieten können, um sich in einer unüberschaubar gewordenen Konsumwelt einigermaßen zurechtzufinden, um aufgebrochene und auseinandergebrochene Identitäten zu reparieren und verunsicherte und verunsichernde Lebensformen zu festigen und zu entschärfen, so dass wir jene Ruhe finden, die wir brauchen, um wieder träumen zu können.« (Ruhs 2006: 116). Wenn österreichische und deutsche Intellektuelle träumen wollen, heißt das eben meist, die Vernunft zum Schweigen zu bringen und Gemeinschaft zu stiften. Angesichts dieser drohenden Ruhe wäre die intransigente Kritik der *Dialektik der Aufklärung* endlich auch mit einer Würdigung jener gemeinschaftszersetzenden Wirkungen engzuführen, wie sie westlich ausgeprägter Kulturindustrie zu verdanken sind. Zugleich aber ist in Rechnung zu stellen, dass man auch darauf sich durchaus nicht verlassen kann; dass also auch die US-amerikanische Kulturindustrie beste deutsche Ideologie zu fabrizieren imstande ist (von *Herr der Ringe* über *Schindlers Liste* bis zu *Matrix* und vor allem: *The Good German).*

Einerlei ob amerikanische Sitcom oder deutsche Soap: die permanent verzweifelten Situationen, die im Alltag so zermürben, werden darin, man weiß nicht wie, »zum Versprechen, daß man weiter existieren darf. Man braucht nur der eigenen Nichtigkeit innezuwerden, nur die Niederlage zu unterschreiben, und schon gehört man dazu.« (Adorno / Horkheimer 1997: 176) Und dazuzugehören ist alles: »Jeder muß zeigen, daß er sich ohne Rest mit der Macht identifiziert, von der er geschlagen wird.« (176) Die Identifikation wäre aber konkreter zu fassen, um des Abstrakten, zu dem die Macht verurteilt, habhaft zu werden. Wozu gehört, wer die Niederlage unterschreibt? Mit welcher Macht identifiziert sich der Einzelne, der von ihr geschlagen wird? Mit dem Kapitalverhältnis in jedem Fall, und auch mit dem Staat, dem Souverän, der nur die andere, die politische Seite dieses Verhältnisses ist. Aber gerade diese Seite ist – im Gegensatz zu der des Werts – mit sich selbst nicht identisch, existiert nur in Form voneinander sich unterscheidender Staaten, während alle Kapitalien und Kapitalgruppen im Kapitalverhältnis unterschiedslos aufgehen. Mit anderen Worten: Die Dialektiker der Aufklärung haben es im Kapitel über die Kulturindustrie versäumt, Veit Harlans *Jud Süß* mit *Casablanca* von Michael Curtiz oder Paula Wessely in *Heimkehr* mit Greta Garbo in *Ninotchka* zu konfrontieren. Und noch die im engeren

Sinn musikalischen Unterschiede zwischen *Fehrbelliner Reitermarsch* und Glenn Millers *In the mood*, von Charly Parker ganz zu schweigen, hätten Adornos Kritik des Jazz präzisieren können. (Das aber nicht in der eigentlich musikalischen Analyse, worin die Unterschiede graduell erscheinen – hierin ist sie nach wie vor gültig, mögen die Jazzfans noch immer beleidigt sein –, sondern in der politischen Deutung ihrer Resultate, die in den Differenzen den qualitativen Sprung markiert.)

Es stimmt, Kulturindustrie bietet allein die »Freiheit zum Immergleichen« (Adorno / Horkheimer 1997: 190), aber das schließt nicht aus, dass in ihr die Bedingung der Möglichkeit liegen kann, der Vernichtung – die auch das Immergleiche bedroht, also das, was zur Gleichheit gezwungen wird – erfolgreich zu widerstehen. Insofern kann noch die »Pseudoindividualität«, von der Adorno und Horkheimer wegwerfend sprechen, etwas enthalten, worin der Gedanke an die Verwirklichung wahrer Individualität zumindest nicht ausgeschlossen; worin dem Zwang, ihn auszulöschen, nicht unter allen Umständen Folge geleistet wird. Das Individuum, sagen die Autoren der *Dialektik der Aufklärung*, werde nur soweit geduldet, »wie seine rückhaltlose Identität mit dem Allgemeinen außer Frage steht. Von der genormten Improvisation im Jazz bis zur originellen Filmpersönlichkeit, der die Locke übers Auge hängen muß, damit man sie als solche erkennt, herrscht Pseudoindividualität.« (177) Das Allgemeine jedoch, mit dem in Eins zu fallen fürs Individuum außer Frage stehen muss, ist selbst nicht mit sich identisch. Das erfuhren Adorno und Horkheimer zu ihrem, der Überlebenden und der Menschheit Glück und Unglück, als der Nationalsozialismus besiegt wurde.

Und was als kritische Sentenz gedacht war, der alles Eins wurde, könnte nun zugleich als Hinweis gelesen werden, im Industriellen das Leben, das nicht lebt, gegenüber einem Tod, der industrialisiert wird, zu verteidigen. »Daß es überhaupt weitergeht, daß das System selbst in seiner jüngsten Phase das Leben derer, in denen es besteht, reproduziert, anstatt sie gleich abzuschaffen, wird ihm auch noch als Sinn und Verdienst verbucht. Weitergehen und Weitermachen überhaupt wird zur Rechtfertigung für den blinden Fortbestand des Systems, ja für seine Unabänderlichkeit.« (171) Diesen Sinn gilt es nun wirklich zu verbuchen, ohne darum Weitermachen zur Rechtfertigung für den blinden Fortbestand des Systems, ja für seine Unabänderlichkeit, zu missbrauchen.

Solange die Deutsche Wehrmacht auf dem Vormarsch war, bestand keine Aussicht, den Nationalsozialismus als das Unfassbare zu fassen, das heißt: nicht das Unbegreifliche, sondern seine Unbegreiflichkeit zu begreifen. Wie um sich davor zu schützen und nicht selber den Verstand zu verlieren, wollte die *Dialektik der Aufklärung* den Wahn der Deutschen um jeden Preis rationalisieren und überging, was ihn wesentlich ausmacht: dass die totale Integration, die er im Sinn hat, Vernichtung um der Vernichtung willen bedeutet. Adorno und Horkheimer versuchten auch sie noch immer von einer Vernunft abzuleiten, deren oberste Tugend (nach Spinoza) die Selbsterhaltung ist. Darum musste das Moment der Rationalität, das Herrschaft als ein ihr auch Verschiedenes widerspricht, unbetont bleiben: »Zwischen der Szylla des Rückfalls in einfache Reproduktion und der Charybdis der fessellosen Erfüllung will der herrschende Geist von Homer bis zur Moderne hindurchsteuern; jedem anderen Leitstern als dem des kleineren Übels hat er von je misstraut. Die deutschen Neuheiden und Verwalter der Kriegsstimmung wollen die Lust wieder freigeben. Da sie aber im Arbeitsdruck der Jahrtausende sich hassen gelernt hatte, bleibt sie in der totalitären Emanzipation durch Selbstverachtung gemein und verstümmelt. Sie bleibt der Selbsterhaltung verhaftet, zu der sie die inzwischen abgesetzte Vernunft vordem erzogen hat.« (Adorno / Horkheimer 1997: 48 f.)

Das wird erst 1945 in dem Textstück der *Minima Moralia* zurückgenommen, wo Adorno auch einbekennt, dass sich doch allem Verständnis entziehe, was die Deutschen begangen haben: »Während sie alles gewannen, wüteten sie schon als die, welche nichts zu verlieren haben. Am Anfang des deutschen Imperialismus steht die Wagnersche Götterdämmerung, die begeisterte Prophetie des eigenen Untergangs, deren Komposition gleichzeitig mit dem siegreichen siebziger Krieg in Angriff genommen wurde. Im selben Geiste hat man zwei Jahre vor dem zweiten Weltkrieg dem deutschen Volk den Untergang seines Zeppelins in Lakehurst gefilmt vorgeführt. Ruhig, unbeirrt zieht das Schiff seine Bahn, um plötzlich senkrecht herabzustürzen. Bleibt kein Ausweg, so wird dem Vernichtungsdrang vollends gleichgültig, worin er nie ganz fest unterschied: ob er gegen andere sich richtet oder gegens eigene Subjekt.« (Adorno 1997f: 118)

Tatort Volk

Je mehr sich der Blick auf das im engeren Sinn Physiognomische und Psychologische in den kulturindustriellen Produkten konzentriert, desto größer sind die Chancen, Kritik ohne Rationalisierung zu betreiben. Das lässt sich an Adornos *Minima Moralia* wie an Kracauers *From Caligari to Hitler* lernen. Wie Adornos Reflexionen aus dem Exil im beschädigten Leben postnazistischer Gesellschaften an Präzision noch gewinnen, lesen sich Kracauers Befunde über den deutschen Film mitunter wie vollendete Kommentare zu aktuellen Produktionen der deutschen und österreichischen Fernsehanstalten.

Die Kritik des Staats auf dem Gebiet der Kulturindustrie zu eröffnen, könnte demnach heißen, Doug und Carrie aus Queens den deutschen Paaren gegenüberzustellen, die heute als *Tatort*-Ermittler in den Nachfolgestaaten des Dritten Reichs ihr Unwesen treiben – das Unwesen der deutschen Schicksalsgemeinschaft. Im Unterschied zu früheren deutschen Krimihelden vom Schlage Derricks zeigen diese modernisierten Volkskommissare auch schon einmal Humor und dokumentieren, dass sie mit Sitcoms konkurrieren. Dazu aber nun schrieb bereits Kracauer: »Daß sich jene Komödie, die im Zufall und naiven Glücksverlangen gründet, als den Deutschen unzugänglich erweisen sollte, geht aus dem Hang ihrer herkömmlichen Ideologie hervor, die Vorstellung des Glücks zugunsten der des Schicksals zu diskreditieren. Die Deutschen haben eine Art Humor entwickelt, der Witz und Ironie mit Verachtung straft und für Glücksnaturen nicht viel übrig hat. Ihnen eignet ein Gefühlshumor, der die Menschheit mit ihrer tragischen Zwangslage zu versöhnen sucht und nicht nur ihr Gelächter über die Ungereimtheiten des Lebens erregt, sondern durch das Lachen bewußt macht, wie schicksalhaft das Leben ist. Solche Anschauungen waren natürlich unvereinbar mit den Haltungen wie sie Buster Keaton oder Harold Lloyd darstellten.« (Kracauer 1984: 27 f.) Damit soll nun keineswegs behauptet werden, dass die Komik einer Sitcom wie *King of Queens* der eines Filmes von Buster Keaton auch nur nahe komme. Es geht vielmehr um Fragen, die über solche Unterschiede und ein ganzes Jahrhundert hinweg sich stellen: wodurch nämlich den Deutschen und Österreichern jede Komik misslingt; warum sie dagegen jenen Gefühlshumor aufbringen müssen, dem es nicht reicht, dass ohnehin jedes Glücksversprechen in den Konkurrenzverhältnissen verkümmert; woher also der Hass auf die Glücksnaturen kommt, der jedes naive Verlangen schon im Keim erstickt.[6]

Im Sinn Kracauers könnten darum als spezifisch deutscher Beitrag zur Kulturindustrie gerade Serien gelten, die das Glück nun endlich denen vergönnen wollen, die es ihr ganzes Leben lang bereitwillig verachtet haben. Dazu bedarf es der Ressurektion der Natur, auf sie ist projiziert, was dem deutschen Menschen versagt blieb und darum in Form von Flora und Fauna, Bergen und Meeren, beständig angeglotzt wird. Das *Traumschiff* und die *Schwarzwaldklinik* präsentieren ihre Golden Girls vor solchen Naturkulissen – Golden Girls vom BDM, und so gibt es hier keine Lust auf Sex mehr wie in der Wohngemeinschaft in Florida, sondern immer nur neue Lust auf Schicksal, in dem der Führerkult, der sie einst erfüllte, fortwest. Das *Traumschiff* aber, dem man von Anfang an nur das Schicksal der Bismarck wünschen mochte, dass es also endlich versenkt würde wie alle politischen Träume der Deutschen, die in dieser Serie gespenstisch als Urlaubsalbträume auferstehen, ist nur ein Abgesang. Besser als der Schiffskapitän eignet sich der Chefarzt zum Stellvertreter des neuen deutschen Souveräns. Selbst der argloseste Chronist der deutschen Fernsehfamilie entdeckt hier etwas von der sekundären Volksgemeinschaft im weißen Kittel: Die Hilfsbereitschaft des Mediziners ist »das perfekte Alibi zum Eindringen in die Privatsphäre des anderen Menschen. Beim Arzt ist sie überdies mit Autorität verbunden. Je mehr ein Serien-Arzt behauptet, sich irgendwo nicht einmischen zu wollen, desto sicherer ist er mitten drin. So spiegelt sich in den Arztserien insbesondere der Zerfall der Familienromane; während er ›rettet‹ dringt dieser Arzt unserer Träume auch ein, während er uns über den Zerfall tröstet, erlaubt er sich und uns einen sadistischen Blick auf das Zerfallende. ›Deutsch‹ wird dieses materiell und ideologisch verbrämte Eindringen (alle unsere Fernseh-Serienlieblinge, die Kommissare, Lehrer, Detektive wie die Ärzte haben diese Lizenz) durch die permanente Produktion eines virtuellen Innenraumes. Statt zum

Retter des Einzelnen wird der Arzt in seiner Serie zum Rekonstrukteur sozialer Einheiten. Wenn er oder sie sich als Übertragungsmodell anbietet, so nur, um im entscheidenden Moment die Aufmerksamkeit wieder vom Teil auf das Ganze zu lenken.« (Seeßlen 2001: 180)

Fehlt jedoch der volksstaatliche Chefarzt ebenso wie die Glücksnaturkulisse, entsteht eine Serie wie die *Lindenstraße,* deren Figuren »nichts zielstrebiger verfolgen als die Produktion des eigenen Unglücks« (Seeßlen 2001: 220). Treten hier Ärzte auf, so hauptsächlich zur Verlängerung und Intensivierung von Qual und Bitternis. Dieses grenzenlose, wöchentliche Leiden auf dem Bildschirm, dem sich jeder auf seine ganz individuelle Art hingibt, dieses permanente Situations-Unglück, für das man, wenn es mehr Serien dieser Art gäbe, die Genre-Bezeichnung *Situation Misery* (Sitmis) prägen müsste, ist die Trauer darüber, dass der Souverän versagt, dass es keinen Führer gibt, mit dem es sich zu identifizieren, für den es sich zu leiden lohnt. Nicht Schadenfreude sondern Selbstmitleid ist das Geheimnis der *Lindenstraßen*-Fernsehsucht. Nur in solcher Gestalt auch bietet sich innerhalb der deutschen Ideologie überhaupt die Möglichkeit, gesellschaftliche Mindeststandards zu verankern, sei's im Verhältnis zu Krankheit, Behinderung oder Homosexualität – und das wird dann auch in tausenden Folgen mit deutscher Gründlichkeit getan. Die »eigentliche Wahrheit der Serie ist ihre Armut«, hat Seeßlen erkannt (224), denn die *Lindenstraße* ist das Gegenteil der Sitcom: sie macht noch den Verzicht auf die Waren, die man sich sogar leisten kann, zum Sinn des Lebens und des Sterbens. So fehlt dieser Anti-Sitcom jede Selbstironie, diese würde Distanz, die durch den Warenkonsum möglich wird, ebenso voraussetzen, wie das Selbstmitleid in Frage stellen, um das es dieser Serie einzig zu tun ist.

In amerikanischen Krankenhausserien, angeführt von *Emergency Room*, herrschen andere Verhältnisse. Die Klinik ist hier der Markt, auf dem die Warenhüter konkurrieren und wo für das Leiden wie für den trostspendenden Souverän nicht wirklich Zeit bleibt. Als Sieger aus dem Gemetzel von Notoperationen, Schusswunden und Herzanfällen[7] geht etwa eine Glücksnatur wie George Clooney hervor, der schließlich zum begehrten Werbeträger von etwas besserem Kaffee aufsteigen sollte. Heilung ist in diesen Krankenhäusern einfach der erfolgreiche Abschluss eines Geschäfts. In den deutschen Kliniken und Praxen, wo Dr. Brinkmann und der »Bergdoktor« regieren, ist sie hingegen die unermüdliche »Suche nach dem Bruch zwischen individuellem Körper und gesellschaftlichen Körper« – und als Lösung der einzelnen Unglücksfälle bleibt nur »so etwas wie die Konstruktion des ›Volkskörpers‹« (Seeßlen 2001: 180 f.).

Gefunden wird sie jedoch erst, wenn die Krankheitserreger und Parasiten in Individuen verkörpert und als solche beseitigt werden. Das wird im *Tatort* erledigt. Er ist die wahre deutsche Soap: der Ort, an dem alle Glücksnaturen, wo immer sie sich zeigen, verfolgt und endlich abgestraft werden – oder schlimmer noch: außerhalb der Reichweite des deutschen Staats gerade nicht verfolgt und abgestraft werden können. Darin, dass in den *Tatort*-Kriminalserien wie in den zahlreichen verwandten Produktionen *(Die Kommissarin, Doppelter Einsatz* und wie sie alle heißen mögen) die deutsche Kulturindustrie zu sich selber findet, liegt vermutlich auch der Grund, warum ausgerechnet hier sogar ein gewisses, für Deutschland und Österreich schon beträchtliches, kulturindustrielles Niveau erreicht werden kann, was das Handwerk des Drehbuchs, der Regie und schauspielerische Fähigkeiten betrifft (sieht man einmal von dem *Bullen von Tölz* oder *Soko Kitzbühl* ab, die wirklich alles Dagewesene unterbieten). Es besteht ja, wie ebenfalls Kracauer erkannte, »zwischen Denkgewohnheiten und Körperbewegungen eine enge Wechselwirkung. Die deutschen Schauspieler, gemäß ihrem Künstlercredo, müssen gespürt haben, daß sie sich vom Typ her kaum für jene Gags und Gesten eigneten, die ihnen die amerikanischen Filmkomiker vormachten.« (27 f.) Für einen deutschen Schauspieler oder eine deutsche Schauspielerin gilt heute noch immer: lieber in einem *Tatort* spielen als in einer Sitcom, um den Ruf nicht völlig zu ruinieren.[8]

Die Serie, die es seit 1970 mit inzwischen über 650 Folgen gibt, hat ein durchaus nationales, gesamtdeutsches Setting. Ganz Deutschland ist der Ort ihrer Handlung: mittlerweile hat fast jede größere deutsche Stadt ihr Ermittler-Paar: Berlin, Kiel, Hamburg, Bremen, Hannover, Münster, Köln, Leipzig, Frankfurt am Main, Saarbrücken, Ludwigshafen, Stuttgart, Konstanz, München … Und es sind keine schwerfälligen patriarchalischen Beamten-Typen mehr wie der Kommissar Erik Ode oder Derrick, von denen sich die Wehrmachts-Generation noch ihre Identifikationsmuster holen konnte.[9] Bei Lena Odenthal und Mario Kopper aus Ludwigshafen oder Bruno Ehrlicher und Kain aus Leipzig oder Max Ballauf und Freddy Schenk aus Köln geht es zunächst nicht anders zu als bei Hamm und Clov: »Wozu diene ich denn?« – »Mir die Replik zu geben.« (83 f.) Waren die alten Kommissare hölzerne Vaterfiguren ohne sexuelle Bedürfnisse und eben ohne Witz, zeigen die neuen mehr und mehr, dass ihnen auch darin nichts Menschliches fremd ist: oft ringen sie nebenher im Privaten mit eigenen Beziehungsproblemen, die mitunter sogar in ihre polizeilichen Fälle hineinspielen. Aber das Menschliche ist hier nur das Einfallstor der Gemeinschaft, und darum machen sie, je mehr sie eigenes Triebleben zeigen, nur umso fanatischer Jagd auf Triebtäter, die beliebtesten Mörderfiguren am Tatort. Besonders die Kinderschänder haben es ihnen angetan, bisweilen werden damit auch bestimmte Feindbilder von Schlepperbanden und Kinderhändlern, aber auch von Psychoanalytikern, Psychologen oder überhaupt von Intellektuellen verschmolzen. Im idealen Fall, den gab es wirklich in einer der Folgen (»Mordfieber«, Erstausstrahlung: 5.4.1999), ist der schreckliche Triebtäter und »Ritualmörder« selbst auch der Polizeipsychologe und wohlhabende Psychoanalytiker (mit Freud-Porträt in seinem Zimmer), der den vermeintlichen Täter behandelt, um sich hinter ihm zu verstecken. Auch die »Heuschrecken« sind ein beliebtes Täterprofil. Während die Sozialdemokratie sich seiner propagandistisch annimmt, malt es die *Tatort*-Serie vielgestaltig aus.[10]

So wird in der Folge »Blutdiamanten« (Erstausstrahlung: 15.1.2006) spontan vermutet, dass eine internationale Bande von Reichen dahinter stecken muss, wenn in Deutschland einer erschossen wird, und gar noch ein Globalisierungsgegner:

> Den feierlichen Empfang zu seinem Firmenjubiläum hatte sich der Juwelier Karl De Mestre anders vorgestellt. Das stilvolle Fest für die bessere Gesellschaft von Köln wird von Globalisierungsgegnern der Aktivistengruppe ›Underworld‹ gestört. Sie beschuldigen De Mestre, sein Geld mit Diamanten aus Bürgerkriegsgebieten zu verdienen. Plötzlich fällt ein Schuss. Aus nächster Nähe wird der Aktivist Andre Hesse erschossen. Die Kommissare Max Ballauf und Freddy Schenk übernehmen den Fall. Schnell wird klar: Hier war ein Profi am Werk. Musste Hesse wegen seines Engagements gegen die so genannten Blutdiamanten sterben? Steckt vielleicht sogar De Mestre selbst hinter dem Mord? Eine Spur führt Ballauf und Schenk in die belgische Diamanten-Metropole Antwerpen. Sie beschließen dort auf eigene Faust zu ermitteln und begeben sich damit in Lebensgefahr.«

www.wdr.de/tv/fernsehfilm/0320_filmausgabe.phtml?id=917

Die Vermutung bewahrheitet sich in dem konkreten Fall nicht, aber das Gerücht über die wahren Mörder wird umso besser verbreitet: Es stellt sich heraus, dass De Mestre tatsächlich sein Geld mit »Blutdiamanten« verdient und hinter vielen Morden steckt, nur nicht hinter jenem an dem Aktivisten, der nämlich von einem anderen, gleichsam entarteten und fanatisch gewordenen Genossen ermordet wurde. Indem sie den Fanatiker vor Gericht bringen, zeigt sich erst ganz deutlich, dass die entschlossenen Kommissare und die gemäßigten Aktivisten von »Underworld« eines Sinnes sind, und dieser, bei Freddy Schenk selber durchaus rabiate Sinn (Freddy war ja auch einmal bei der deutschen Friedensbewegung) richtet sich gegen De Mestre, der wiederum die Blutdiamanten-Metropole Antwerpen verkörpert. Dort ermittelt zwar ebenso eine aufrechte belgische Polizeibeamtin, aber es ist insgesamt noch schlechter als in Deutschland: De Mestre, so wird von der Kommissarin angedeutet, hat die Behörden der Stadt in der Hand – wie bei Fassbinder der »reiche Jude« die Beamten von Frankfurt.

Wer sich mit diesen Ermittlern identifiziert, identifiziert sich mit dem Volksstaat.[11] Es ist das eine Bewusstseinsstruktur, die sich aus der Differenz zum wirklich existierenden Staat speist, wie die Kommissare recht eigentlich erst dadurch Leben erhalten, dass sie immer wieder »auf eigene Faust« ermitteln und dabei zwangsläufig die existierenden Gesetze übertreten. Auf eigene Faust operierten schon die verschiedenen amerikanischen Vorbilder des *Tatort:* die detectives US-amerikanischer Serien, nur dass sie dabei ein anderes Identifikationsangebot machen. Wer sich in Columbo, Kojak oder Mike Hammer hineinversetzt, verleiht als vereinzelter Warenbesitzer seinem Dasein nur etwas mehr Heroik und Spannung, nichts von der Geborgenheit einer Gemeinschaft setzt ihn hier über die Mechanismen des Marktes hinweg, die ihn immer aufs

Neue auf seine Existenz als Einzelner zurückwerfen. Kaufen und Verkaufen wird einfach in Verbrechen und Strafen übersetzt: wer etwas Verbrecherisches tut, soll dafür am Ende auch bezahlen: an einem Urteil, das darüber hinaus etwas über diese Gesellschaft zum Ausdruck bringt, besteht kein Bedarf. Die Entwicklung von *Columbo* zu *CSI* ist dabei allerdings signifikant: der Einzelne kommt immer weniger als Individuum in Betracht, er interessiert nur noch als abstrakte Einzelheit, nicht mehr individuelle Motive werden dargelegt, sondern der tote Köper sowie Vorgang und Spuren der Tat absorbieren die ganze Aufmerksamkeit von Handlung, Kameraführung und technischen Tricks. Die Arbeit des Ermittler-Teams unterscheidet sich kaum noch von der des Kamera-Teams, das sie filmt.

In dem überbordenden Krimiserien-Angebot Deutschlands lässt sich eine verwandte Tendenz verfolgen, nur erhält hier der tote Körper, um den sich alles drehen soll, wieder Gemüt in Gestalt des forensischen Leichenschänders. Der Serie *Der letzte Zeuge,* die mit Ulrich Mühe als Gerichtsmediziner ab 1998 im ZDF lief, gelingt darin eine perfekte, ebenso ostentative wie bedeutungsvolle Synthese der beiden liebsten Genres der Deutschen: Arzt- und Kriminalgeschichte. Was in dem einen oder anderen Fall tatsächlich sich so verhalten mag, wird zum Prinzip der Serie: der entscheidende Hinweis auf den Täter ergibt sich durch die Obduktion der Leiche. Sie ist aber auch der ideale Tatort, um den gemütvollen Pathologen zum wahren Souverän zu machen, gegenüber welchem der eigentliche Souverän nur als geduldeter Stellvertreter erscheint. Wer immer die handelnden Personen sind, welche Neigungen sie haben, worin ihre guten und schlechten Seiten bestehen mögen: zur Einheit gebracht werden sie vom toten Körper, wie er da liegt vor dem Staatsbeamten. Man kann genau zusehen, wie dieser verkörperte Volksstaat das Menschenmaterial zergliedert. So erfüllt sich für den Bürger als Konsument heute eben jenes Versprechen, das deutsche Ideologie von jeher an die Stelle des individuellen Glücks setzt.

Unterm Leichentuch liegt das ganze Geheimnis. Das Prinzip der Serie ist aber so übermächtig, dass es irgendwann auch ausgeplaudert wird: In einer Folge *(Das Gift des Schweigens,* 29.6.2007) gesteht der Gerichtsmediziner seinem Freund, dem Kommissar, bei einem Glas Wein und unter Männern, dass seine sexuellen Interessen zunehmend von anderen Bedürfnissen konterkariert werden: er redet von Freiheit, und sagt auch, was er darunter versteht: Heidegger lesen statt Liebe machen.

Zivilisatorische Standards in Deutschland

Zu den Städten, in denen die Volksgemeinschaft investigativ tätig wird, gehört übrigens auch Wien – und nicht etwa Zürich oder Bern. Ob tough wie in Westdeutschland oder bieder wie in den neuen Bundesländern und den ganz alten, eben Österreich – die Kommissare treiben exakt in den Nachfolgestaaten des Dritten Reichs ihr Unwesen. Auf der *Tatort*-Homepage bekommt man folgerichtig die

Karte des deutschen Reichs nach dem »Anschluss« der Ostmark zu sehen (mit deutlichen Abstrichen am rechten Rand, soweit muss man nun doch den politischen Gegebenheiten Rechnung tragen), charakteristischerweise in Braun gehalten (www.daserste.de/tatort/kommissare.asp).

Es ist allerdings keine Frage, dass in der Handlung einzelner *Tatort*-Folgen und in den Haltungen der Kommissare und Kommissarinnen auch wirklich zivilisatorische Standards zuweilen eingebaut sind – wie ja auch nach der Befreiung vom Nationalsozialismus in der deutschen Gesellschaft Rechtsverhältnisse wieder möglich wurden. Aber sie sind immer irgendwie vergiftet. Da gibt es zum Beispiel die Kommissarin Charlotte Lindholm, Fahnderin für das Landeskriminalamt Hannover, die in der niedersächsischen Provinz auf Mörderjagd geht. »Mit ihrem trockenen, lockeren Humor nimmt sie kauzige Typen und vor allem Männer aufs Korn, die sie unterschätzen« (www.daserste.de/tatort/kommissare.asp); sie ist nicht verheiratet und scheut überhaupt – eine tragisch endende Beziehung zu einem Staatssekretär ausgenommen – »engere Bindungen«, stattdessen lebt sie mit einem schrulligen Schriftsteller in einer Art Wohngemeinschaft, dessen »Schrulligkeit« allerdings nicht so weit gehen darf, dass der Mann etwa schwul wäre (hier wird eine Grenze gezogen gegenüber einem Topos der US-Sitcoms, wonach Single-Frauen mit Schwulen zusammenleben); in ihrem Verhältnis zur Mutter und zu Kolleginnen ist sie so solidarisch wie Frauen sonst nur im Editorial der *Emma;* und sie kooperiert nach anfänglichen Schwierigkeiten exzellent mit dem ersten *Tatort*-Kommissar türkischer Herkunft, der ab Ende 2007 seine Arbeit in Hamburg aufnimmt. Tatsächlich ist es die heile Welt der deutschen 68er, die sich hier mit allem pädagogischen Eifer auf der Seite des Staats etabliert, den meisten von ihnen hat immer schon vor der Negativität in Adornos Kritik an der Kulturindustrie gegraut. Es gibt ein richtiges Leben im Falschen, ist ihr Motto – und die Kommissarinnen führen es uns vor. Sie können es jedoch nur mit der nötigen Überzeugungskraft, wenn das Falsche in Gestalt eines Täters personalisiert wird, der sein Unwesen außerhalb des deutschen Staats treibt: als eine weltweit agierende Macht, die in Deutschland Handlanger findet, aber eben von Antwerpen oder den USA aus agiert. Brunnenvergiftung ist dabei nicht mehr unbedingt das geeignete Mittel der Denunziation: In der *Tatort*-Folge »Atemnot« (Erstausstrahlung: 23.10.2005) werden deutsche Kinder durch die Spaghetti-Soße eines amerikanischen Konzerns vergiftet. Das Unternehmen wird nicht zur Verantwortung gezogen, weil ihm niemand etwas nachweisen kann.

Einer der deutschen Knechte des amerikanischen Unternehmens bringt sich jedoch aus schlechtem Gewissen um; und eine Angestellte des deutschen Rechtsanwaltsbüros, das den Konzern vertritt, wird ermordet. Charlotte Lindholm nimmt die Ermittlungen auf und muss zunächst contre cœur ihren geliebten deutschen Staatssekretär verdächtigen, dass er, ihrer Liebe nicht würdig, sie betrüge und belüge – ganz wie die deutschen Bürger immer contre cœur ihren Staat und dessen Politiker verdächtigen müssen, dass er, dem Volk zuwider, im Auftrag ausländischer Interessen handle. Doch – und darin liegt die Staatsbürgerkunde des *Tatort* – der Geliebte ist nicht schuldig, nur ein wenig am Rande verwickelt, stirbt sogar den Märtyrertod, indem er sich bei einem Schusswechsel schützend vor die Kommissarin wirft. In umso düsterem Licht erscheinen zuletzt die amerikanischen Konzernherrn als die eigentlichen Drahtzieher und Nutznießer aller Verbrechen. Denn sie können doch nie von den deutschen PolizistInnen geschnappt werden und sind also weiterhin imstande, jederzeit wieder deutsche Kinder zu vergiften. Es stellt sich heraus, dass ein deutscher Lebensmitteltechniker vor der Kontamination durch die Soße gewarnt hatte, sich aber von den Bossen bestechen ließ, um die teuren Ärzte für seine Krebsoperation bezahlen zu können. Und Charlotte Lindholm entdeckt auch noch eine DVD, auf der mit versteckter Kamera die Situation festgehalten ist, in der ein Amerikaner wie ein Gangsterboss jenen Mann mit dem schlechten Gewissen und späteren Selbstmörder zwingt, keine Rückholaktion zu starten und lieber das Risiko der Vergiftung einzugehen, um dem Konzern nicht zu schaden. Sein letztes Wort: »Business as usual«.

Aber noch vor aller Handlungsführung ist allein die Verkrampftheit symptomatisch, mit der die zivilisatorischen Standards eingebaut werden und die jede ironische Distanz in der schauspielerischen Gestaltung liquidiert. Der pädagogische Eifer zerstört im Drehbuch wie in dessen Umsetzung jede Chance für die Vernunft. Besonders drastisch wird das in der vielfach preisgekrönten und vielgelobten ARD-Reihe *Türkisch für Anfänger* demonstriert, worin das Zusammenleben eines aus der Türkei stammenden Polizeibeamten mit einer aus Deutschland stammenden Psychotherapeutin samt beider Kinder aus anderen Beziehungen geschildert wird – eine Art Mikrokosmos erträumter multikultureller Harmonie. Was dem deutschen Feuilleton als »keck, witzig, politisch unkorrekt« gilt *(Die Welt)*, wirkt so, als würden die Figuren aus der *Lindenstraße* aus schlechtem Gewissen darüber, zu wenig glücklich zu sein, plötzlich alle glücklich sein wollen.

Keck ist angesichts der »Ehrenmorde«, dass es hier wie auch in einer neueren Folge des *Tatort* die Tochter ist, die gegenüber dem laizistischen oder alevitischen Vater muslimische Strenggläubigkeit demonstriert, um sich nämlich feministisch gegen die feindliche, ebenso freizügige wie fremdenfeindliche Gesellschaft zur Wehr zu setzen. Besonders infam erweist sich wieder der *Tatort:* in »Wem Ehre gebührt« (Erstaustrahlung: 23. 12. 2007) soll auf durchsichtige Weise das Vorurteil, das vom Ehrenmord kursiere, im Stil multikultureller Aufklärung widerlegt werden. Kommissarin Lindholm, die beim Mord an einem jungen Mädchen in einer türkischen Familie spontan diesen Verdacht hegt, wird eines Besseren belehrt. Sie erfährt etwas über den Unterschied zwischen Aleviten und Sunniten. Verdächtigt sie doch den sunnitischen Ehemann der Ermordeten, dem sich nun auch die Schwester des Opfers zuwendet und der auf das Mädchen offenkundig im Sinne der Strenggläubigkeit Einfluss ausübt. Er taucht aber nur als stummer, leidender Mann im Hintergrund auf: idealtypische Konstruktion eines Opfers.

Lindholms neuer türkischer Kollege findet den Verdacht »rassistisch«; sie wirft ihm vor, die Fakten zu ignorieren. Als Faktum stellt sich indessen heraus, dass der Mörder der eigene alevitische Vater ist, der auch noch seine zweite Tochter umbringt – nicht der Ehre wegen, ganz im Gegenteil: sein Motiv ist, dass er Inzest mit ihr getrieben hat. So betätigt sich die multikulturelle Aufklärung aktiv auf der Seite der sunnitischen Mehrheit gegen die alevitische Minderheit: das Schicksal des einzelnen Individuums ist ihr nur Vorwand, das stärkere der Kollektive und das mit dem repressivsten Charakter noch mehr zu stärken. (Nach der Erstausstrahlung protestierten schließlich 20.000 Menschen in Köln gegen diese Infamie und die Berliner Alevitische Gemeinde erstattete Anzeige wegen »Volksverhetzung« gegen den für die *Tatort*-Folge verantwortlichen Norddeutschen Rundfunk.)

Die Logik kulturindustrieller Produktion lässt alles nur noch schlimmer werden, wenn deutsche Produzenten es gut meinen. Bekanntlich verselbständigen sich in den verschiedenen Genres stets die Identifikationsfiguren gegenüber der Einheit des »Werks«, und daraus folgt, dass die Eigenheit der Darsteller tendenziell wichtiger wird als die Unterschiede ihrer verschiedenen Rollen, auch wenn die Stars nur so kleine Sternchen wie Maria Furtwängler sind. Diese blonde Darstellerin der Charlotte Lindholm sorgt nun ihrerseits bereits für die Aufhebung zivilisatorischer Möglichkeiten in der sekundären Volksgemeinschaft, indem sie nicht nur die moderne Single-Frau des *Tatort*, sondern auch die ostpreußische Vertriebene der *Flucht* zu ihrem Markenzeichen macht. Als Lena Gräfin von Mahlenberg flüchtet sie in dem aufwändig produzierten Filmepos der ARD (Erstausstrahlung 4./5.3.2007) vor der herannahenden Roten Armee und führt, wie es in der Internet-Propaganda heißt, die ihr anvertrauten Menschen durch einen unbarmherzigen letzten Kriegswinter nach Bayern. Und dabei gibt sie selbstverständlich ein Interview nach dem anderen (»die größte Rolle ihres Lebens«; *Bild;* »Maria Furtwängler zeigt Durchhaltewillen«; *TVSpielfilm):* »Unser Film zeigt das Schicksal einer Zivilbevölkerung, die im Grunde genommen Hitlers letztes Opfer war, weil sie nicht evakuiert wurde, obwohl die Front nicht mehr zu halten war.« (www.focus.de/kultur/kino_tv/die-flucht_aid_28704.html) – »Für mich war das ein Glück, diese Rolle spielen zu dürfen, in diese Welt einzutauchen, die mich schon lange beschäftigt hat. Eine Welt mit einem ganz anderen Wertekanon, als wir das heute kennen. In Preußen hatten sich die Interessen des Individuums den Interessen der Gemeinschaft unterzuordnen. Das ist uns heute sehr fremd und das ist einer der Gründe, warum ich diese Geschichte auch gerne meinen Kindern erzählen möchte. Ein bisschen etwas von dieser untergegangenen Welt hat auf mich auch beim Drehen abgefärbt.« (www.daserste.de/dieflucht)

Solche Farbtöne nun auch dem *Tatort* zu geben, ist längst eine Spezialität der deutschen Schauspielkunst geworden. Man muss sich nur ansehen, wie Kommissarin

Lindholm am Ende der *Tatort*-Folge »Atemlos« weinend und wehklagend, einer Pietà gleich, ihren toten Staatssekretär auf dem Schoß hält, so haben am Ende des Krieges die deutschen Mütter und Frauen um ihre Söhne und Männer, so haben die Deutschen um ihren Führer getrauert; und wie sie ein andermal, in der Folge »Das namenlose Mädchen« (Erstausstrahlung 15. 4. 2007), über das Schicksal einer, ihr eigentlich fremden, aber deutschen Familie in Tränen ausbricht. Der Untergang dieser Menschen ist dabei im Grunde nur ein weiteres Opfer auf der endlosen Flucht vor den globalisierten Allierten, und die deutsche Kommissarin fühlt doch so sensitiv den Auftrag, diese ihr Anvertrauten durch die unbarmherzige ökonomische Krise in ein sicheres Dasein zu führen. Wieviel Verständnis bringt sie dann für den Vater auf, der – so stellt sich heraus – sein eigenes Kind ermordet hat, letztlich aus Verzweiflung darüber, dass er seinen Job verlor: ein deutscher Ehrenmord sozusagen. Und trägt doch bereits ein eigenes Kind unter ihrem Herzen, mit einem Spanier gezeugt, mit dem sie nur ein Urlaubsabenteuer hatte. So pflanzt sich die Volksgemeinschaft heute eben fort.

Die Form und der Inhalt

In Becketts *Endspiel* wird nicht ausgesprochen, welche Katastrophe stattgefunden hat, die alles Leben zum Endspiel werden ließ. Deutlich wird nur, dass sie stattgefunden hat und durch nichts mehr zurückzunehmen ist. Adornos großer Essay mit dem Titel *Versuch das Endspiel zu verstehen* versucht die Konkretisierung: »Becketts Mülleimer sind Embleme der nach Auschwitz wiederaufgebauten Kultur.« (Adorno 1997b: 311) Vielleicht ist das Stück, das Beckett geschrieben hat, nur darum wahr, weil es von Auschwitz abstrahiert. Embleme sind Becketts Mülltonnen in diesem abstraktesten Sinn, den Adorno aber präziser in dem bereits zitierten Satz erfasste, dass Beckett »als menschlich Typisches einzig die Deformationen vorzeigt, die den Menschen von der Form ihrer Gesellschaft angetan werden« (Adorno 1997b: 299). Die Betonung ist hier auf den Begriff der Form zu legen, und er wäre so streng aufzufassen wie in der Marxschen Wertformanalyse: diese Form ist überall dieselbe, sie ist selbst allerdings noch nicht die »Katastrophe«, die Beckett im Dunkeln lassen muss, sondern die Bedingung ihrer Möglichkeit. Sie zu realisieren bedarf es Individuen, die sich wie in *Tatort* zur Gemeinschaft zusammenrotten und nicht wie in *King of Queens* zerstreuen.

Anmerkungen

1 Adorno selber spricht später in seinem berühmten »Versuch, das Endspiel zu verstehen« von »galvanisierten Wörtern als Warenzeichen« und vom »wüsten Echo der Reklamewelt«, umfunktioniert »zur Sprache der Dichtung« (Adorno 1997b: 306). Becketts Verfahrensweisen liquidieren dabei im Unterschied zu Finnegans Wake von Joyce oder zur »Konkreten Poesie« der Wiener Gruppe nicht einfach das diskursive Element der Sprache durch den reinen Laut. Aus dem Sprachmüll, den die kapitalisierte Gesellschaft zurücklässt, Residuum der Tradition wie der Kulturindustrie, wird vielmehr, und darin bewährt sich die Formgebung, eine »zweite Sprache der Verstummenden«. In der Nachfolge Becketts scheinen auch andere aus der bloßen Liquidation des diskursiven Elements durch den reinen Laut einen Weg zur Sprache der Verstummenden zu suchen, Elfriede Jelinek etwa. Doch das Bad in der Kulturindustrie kann dazu führen, dass der Umgang mit den Phrasen als Warenzeichen selber wüst wird, das Echo der Reklamewelt nur ästhetisiert und darin verdoppelt (vgl. hierzu Scheit 2006: 538 f.).

2 Georg Seeßlens Buch über Glück und Elend der deutschen Fernsehfamilie – selbst ein Stück Kulturindustrie, eine Art Sitcom des Marxismus – beschreibt adäquat den Umschlag ins Komische: »Oben brachte man sich wegen Erfolg und Sex um. Unten war man zu erschöpft dazu und begnügte sich damit, sich gegenseitig beständig tödlich zu beleidigen und dennoch weiter miteinander zu leben (...) SitComs verhalten sich zu den Soap Operas in der Regel allerdings weniger wie die Satire zu ihrem Gegenstand, sondern vielmehr wie eine Änderung der Perspektive auf die Verletzungen und die Verlierer (wohlgemerkt: im System, nicht außerhalb). Die Beteiligten bearbeiten ihre Konflikte nicht mehr durch dramatische Entscheidungen und pädagogische Maßnahmen, sondern durch einen allfälligen Sarkasmus, mit dem gerade das unlösbare, das immer wiederkehrende Problem in der Familie, in der Beziehung und in der Nachbarschaft erträglich erscheint. (...) Im Konzept der Selbstmanipulation beinhalten SitComs Selbstunterdrückung und Selbstbestrafung, die mit einer eigenen Form von Lust besetzt werden, so daß die ›Vergebung‹ der anderen möglich wird. Das Elend wird erträglicher, wenn es benannt wird und sich gleichzeitig Selbstmitleid erlaubt. Was schiefgehen kann, ist bereits schiefgegangen. (...) Die großen Katastrophen versanden in einer Abfolge von Peinlichkeiten, die Aufbruchsversuche werden von der Gesellschaft blockiert. (...) Die ›härteren‹ der Familien-SitComs wie ›Married With Children‹

mit dem Schuhverkäufer Al Bundy und seiner Frau, der Couch Potato Peggy, den Kindern ›Dumpfbacke‹ und dem spätpubertierenden Jungen, zeigen am ehesten, daß genau der Super-GAU eingetreten ist, nämlich daß die Familie unbarmherzig beisammen bleibt, weil es gar keine Alternative gibt, so sehr man sich auch demütigt oder quält.« (2001: 151 f.)

3 Karl Kraus, der erste große Atheist der Kulturindustrie, hat an der Presse bereits das Fernsehen, gleichsam vorweg, kritisiert – das »Schandwerk«, das darin besteht, »ohne Eingebung, ohne das zwingende Muß des Geistes, nur im Dienst des ruchlosen Bedürfnisses menschlicher Neugierde, zu fremdem Unglück Impressionen haben zu müssen«, »aus fremdem Erlebnis für die Stimmung der anderen zu dichten und ohne Gedanken nachdenklich zu sein«. Die Zeitung, die Kraus im Visier hatte, erscheint jedoch noch wie die Unterhaltungsliteratur durch ihr Medium, die Sprache, behindert. An dem Übermaß der »unsere Vorstellung störenden, mit unseren Ohren hörenden, mit unseren Augen guckenden, mit unseren Nerven zuckenden (...) uns durchaus stellvertretenden Agenten« der Presse konnte für Kraus darum noch die »Trockenheit« sprachlichen Ausdrucks zum Gegengift werden – zur künstlerischen Weisheit, »die nicht nur sagt, was sie zu sagen hat, sondern auch erspart, was sie nicht zu sagen hat« (Kraus 1989: 434). Denn die Journalisten sind als Schreibende immerhin dazu verdammt, mit jedem Satz, den sie formulieren, auch das Maß in Erinnerung zu rufen, dem sie abschwören; indem sie gezwungen sind, alles in Sprache zu verwandeln, sprechen sie immer auch ex negativo aus, wie es richtig sein müsste. Und darin nahm sie Kraus beim Wort. Dieses ex negativo Mitgeteilte fehlt dem neuen Medium, hier kann kein Maß mehr in Erinnerung gerufen werden. Wie sollte also die trockene Weisheit aussehen, die von der elektronischen Kamera in die Wohnungen transportiert wird? Welcher Gehalt wäre diesem Medium angemessen, seiner spezifischen technologischen Beschaffenheit, die alle Sinne anzusprechen und kein Maß zu kennen scheint außer den Produktionskosten? Der Film, die große Kinoproduktion, erscheint übrigens in dieser Hinsicht – also was die Produktionskosten betrifft – bereits wie eine frühkapitalistische Form der Kulturindustrie: die Kalkulierbarkeit, das Risiko einer solchen Produktion ist den Wagnissen des alten Kaufmannskapitals auf hoher See vergleichbar, während bei einer Sitcom oder Soap von Anfang an genauer kalkuliert und durch Umfragen ständig nachgebessert werden kann, um die gewünschten Profite auch mit einiger Sicherheit zu erzielen. Aber die Frage, wie also die trockene Weisheit aussehen sollte, die von der elektronischen Kamera in die Wohnungen transportiert wird, welcher Gehalt diesem Medium angemessen wäre, seiner

spezifischen technologischen Beschaffenheit, ist gar nicht rhetorisch gemeint. Vielleicht wäre es am besten, sollte das Medium einmal aus dem Zwang von Profit und Quote entlassen werden, zum Stummfilm zurückzukehren. Silent Cooking – eine Kochsendung, bei welcher der Koch nicht spricht – erscheint in dieser Hinsicht geradezu als ein avantgardistisches Projekt.

4 Als die westdeutsche Zeitschrift konkret Ende der 50er Jahre begann, das Kulturindustrie-Kapitel der Dialektik der Aufklärung nachzudrucken, intervenierten die beiden Autoren schließlich mit einer »einstweiligen Verfügung« – das aber, nachdem Adorno offenbar bereits der Publikation zugestimmt hatte; vgl. Adorno / Horkheimer 2006: 581 f.

5 Adornos Versuch, das Endspiel zu verstehen, erschien 1961.

6 Als extreme Ausformung davon kann die österreichische Kabarettistenszene betrachtet werden, die sich seit den 90er Jahren entfaltet hat. Ein-Mann-Sitcoms wie Josef Hader oder Alfred Dorfer, und wie sie alle heißen, bringen durch sprachliche Dumpfheit und gedankliche Leere jedes Glücksversprechen automatisch zum Schweigen. Aber dieses Schweigen kann genauer bestimmt werden: Der Gefühlshumor, der die Menschheit mit ihrer tragischen Zwangslage versöhnt, entspringt hier unmittelbar einer Schadenfreude, über deren postnazistischen Charakter man sich keine Illusionen machen sollte. Was im Herrn Karl von Helmut Qualtinger noch mit Ekel durchschaut und als im Innersten abstoßend gezeigt wird, ist ins eigene Gemüt gewandert und wird bejaht: die Kinder und Enkel der Wehrmachtsverbrecher machen ihre schlechten Witze über die Beschädigungen, die ihnen Eltern und Großeltern verabreicht haben und versöhnen sich auf diese humorvolle Art auch noch mit ihnen. So lacht die sekundäre Volksgemeinschaft über sich selber. Sollte aber hier eine wirkliche Glücksnatur irgendwo auftauchen, wird es ihr ergehen wie Marcel Reich-Ranicki bei Martin Walser. Diese Pest, wie Michael Scharang einmal das österreichische Kabarett zutreffend genannt hat (Der Standard, 14.–16.5.2005), ist der autochthone Beitrag Österreichs zur Kulturindustrie. Auch darin erreicht das Land nicht einmal die Mindeststandards industrieller Produktion und Arbeitsteilung, sondern bleibt auf handwerklichem Niveau stehen, der einzelne wurschtelt und werkelt einsam vor sich hin.

7 »Um die Authentizität der Situation von Dauerstress zu erhöhen, wurden nicht nur die Schauspieler in die ärztliche und pflegerische Kunst eingewiesen, sondern selber durch Schlafentzug und Dauerbelastung in Son-

derschichten mürbe gemacht. Allein in dem zweistundigen Pilotfilm, den NBC 1994 ausstrahlte, werden 45 ›Krankenfälle‹ behandelt. Und der Durchschnitt für eine der 50-Minuten-Folgen liegt bei 15!« (Seeßlen 2001: 184 f.)

8 Im Einzelnen ließe sich natürlich darüber streiten, ob und auf welche Weise nun etwas wie ein Niveau wirklich erreicht wird. Wenn Kracauer eine Berühmtheit aus der Frühzeit des deutschen Films beschreibt – Harry Piel nämlich, genannt der deutsche Douglas Fairbanks – dann kommt einem unwillkürlich die Mimik der Tatort-Ermittler in den Sinn, wenn sie sich endlich auf die ermittelten Täter stürzen: In dem Film Unter heißer Sonne von 1916 spielt Harry Piel einen Helden, der mehrere Löwen aus Hagenbecks Tierpark »durch seinen bloßen Blick« bezwingt (Kracauer 1984: 32).

9 Seeßlen spricht als älterer Herr der linken Kulturindustrie sehr amüsant über die einstige »Vorherrschaft der älteren Herren auf dem Bildschirm«: »Die Inszenierung der Sexualität im deutschen Fernsehen rekonstruierte in netter Form den patriarchalen Blick; es waren die alten Herren, die ihre wenn auch bescheidenen Phantasien erfüllten, aber mehr noch sprach man von der Panik, welche von der erotischen Signalwirkung der Jugend ausging. Der deutsche Kriminalfilm handelte in erster Linie davon, daß Mädchen, wenn sie erst einmal Sexualität buchstabieren können, nur noch Katastrophen anrichten. Zu dieser Zeit begann der härtere Fernsehabend mit einer Mädchenleiche. Das konnte einem Mädchen passieren, wenn es dem lüsternen und zugleich ungefährlichen Blick der älteren Herren zu entkommen versuchte. Oder wenn sie es nicht tat. Die alten Kommissare und Inspektoren guckten dann immer so auf die Mädchenleichen, als wüßten sie etwas, was sie uns nie verraten würden.« (2001: 108) Dabei zitiert Seeßlen an anderer Stelle doch den Ausspruch von Robert Lembke (Leiter der legendären Rateshow »Was bin ich«), der die Gesichter all dieser Kommissare, Quizmaster und Moderatoren besser beschreibt als eine ganze Geschichte des deutschen Fernsehens: sie »sehen überwiegend so aus, als könnten sie es nicht verwinden, nicht bei Langemarck gefallen zu sein.« (126)

10 Nicht so allerdings die stets aus der Oberschicht stammenden Täter aus der Columbo-Serie mit Peter Falk, die – was ihre Dauerhaftigkeit betrifft – es sogar noch mit dem Tatort aufnehmen kann. Lieutenant Columbo tritt in Kalifornien wie ein Sozialhilfeempfänger auf. Würde er seine Stelle verlieren, er wäre gewiß dem Dude in Big Lebowsky zur Seite zu stellen. Sein Impetus ist nicht der Neid auf die Reichen, der die Tatort-Kommissare und ihr Publikum umtreibt, sondern Neugier, wie denn

diese Reichen, Unternehmer, Filmschauspieler, Dirigenten, Sportler, so leben, was sie alles haben, was man sich selbst nicht leisten kann, aber doch eigentlich vielleicht gar nicht braucht. Jedenfalls bleibt alles auf Kalifornien begrenzt, das Publikum identifiziert sich natürlich mit dem einsamen Lieutenant Columbo, dessen Frau niemals auftritt, die aber ständig erwähnt wird, während seine Beziehungen zum alten Peugeot und zum Hund, der so müd' ist wie er selber, seine Charaktereigenschaften illustrieren sollen. Da geht es alles in allem eher zu wie in einer zahm gewordenen Fassung von Nestroys Zu ebener Erd und im ersten Stock. Der erste Stock ist Hollywood, und Colombo bewegt sich zu ebener Erd.

11 Der legendäre Kottan aus Wien, der als Parodie von links gedacht war, verdankte übrigens seinen erstaunlichen Erfolg der systematisch betriebenen Verharmlosung genau dieser Konstellation. Es erstaunt nicht, dass Georg Seeßlen in dieser Serie »subversive Botschaften« wahrnimmt (Seeßlen 2001:47), betreibt doch seine Geschichte der deutschen »Fernsehfamilie« eben dieselbe Verharmlosung des Volksstaats, die sich als Subversion versteht.

Bibliografie

Adorno, Theodor W. (1997a): Das Schema der Massenkultur. In: ders.: Gesammelte Schriften, Bd. 3, Frankfurt / M., 299–335.

Adorno, Theodor W. (1997b): Versuch, das Endspiel zu verstehen. In: ders.: Gesammelte Schriften, Bd. 11, Frankfurt / M., 281–321.

Adorno, Theodor W. (1997c): Prolog zum Fernsehen. In: ders.: Gesammelte Schriften, Bd. 10.2, Frankfurt / M., 507–517.

Adorno, Theodor W. (1997d): Studies in the Authoritarian Personality. In: ders.: Gesammelte Schriften, Bd. 9.2, Frankfurt / M., 143–509.

Adorno, Theodor W. (1997e): The Psychological Technique of Martin Luther Thomas' Radio Addresses. In: ders.: Gesammelte Schriften, Bd. 9.2, Frankfurt / M., 7–141.

Adorno, Theodor W. (1997f): Minima Moralia. In: ders.: Gesammelte Schriften, Bd. 4, Frankfurt / M.

Adorno, Theodor W. / Horkheimer, Max (1997): Dialektik der Aufklärung. Philosophische Fragmente. In: Adorno, Theodor W.: Gesammelte Schriften, Bd. 3, Frankfurt / M.

Adorno, Theodor W. / Horkheimer, Max (2006): Briefwechsel, Bd. 4 1950–1969, hg. v. Christoph Gödde u. Henri Lonitz, Frankfurt / M.

Beckett, Samuel (1976): Endspiel / Fin de partie / Endgame. Deutsche Übertragung v. Elmar Tophoven. Frankfurt / M.

Brodersen, Momme (2001): Siegfried Kracauer. Reinbek.

Kracauer, Siegfried (1984): Von Caligari zu Hitler. Eine psychologische Geschichte des deutschen Films. Übersetzt v. Ruth Baumgarten u. Karsten Witte. Frankfurt / M.

Kraus, Karl (1989): Untergang der Welt durch schwarze Magie. In: ders.: Schriften. Hg. v. Christian Wagenknecht. Bd. 4. Frankfurt / M.

Ruhs, August (2001): Film und Freud. In: Freud und die Folgen. Wiener Zeitschrift zur Geschichte der Neuzeit. 6. Jg. 2006/1.

Scheit, Gerhard (2006): Verborgener Staat, lebendiges Geld. Zur Dramaturgie des Antisemitismus. 2. Aufl. Freiburg.

Seeßlen, Georg (2001): Der Tag, als Mutter Beimer starb. Glück und Elend der deutschen Fernsehfamilie. Berlin.

Tobias Ebbrecht

Kulturindustrie revisited

Warum die Schemata der Kulturindustrie erst in der Postmoderne zu sich selbst kommen

> »Bei allem Fortschritt der Darstellungstechnik, der Regeln und Spezialitäten, bei allem zappelnden Betrieb, bleibt das Brot, mit dem Kulturindustrie die Menschen speist, der Stein der Stereotypie.«
> *Theodor W. Adorno / Max Horkheimer*

Ist heute noch von Kulturindustrie die Rede, dann kommt das Gespräch zumeist schnell auf Hollywood. Der kleine Stadtteil von Los Angeles an der amerikanischen Westküste gilt als Produktionsstätte schematisierter Filmwaren, eskapistische Unterhaltungsindustrie und als Agent des kulturimperialistischen US-Systems. Solche Zuschreibungen haben mit dem Begriff von Kulturindustrie, den die Kritische Theorie einführte, wenig gemein; nicht zuletzt darum, weil Max Horkheimer und Theodor W. Adorno wussten, dass die Kulturindustrie ein universelles Phänomen moderner, spätkapitalistischer Gesellschaften ist, in alle Bereiche menschlichen Lebens hineinwirkt und nicht in einem Land oder an einem Ort personifiziert werden kann.[1]

Detlev Claussen hat darauf hingewiesen, dass aus dem (veröffentlichten) Teil der Thesen zur Kulturindustrie in der *Dialektik der Aufklärung* durchaus eine besondere Kenntnis über amerikanische Filmproduktion herauszulesen ist (vgl. Claussen 2003: 198). Mehr noch als diese Thesen, die mit dem schlichten Hinweis »fortzusetzen« endeten, behandelt die zu Lebzeiten Adornos nicht gedruckte aber im Oktober 1942 beendete Fortsetzung »Das Schema der Massenkultur« den Film in seiner spezifischen Form als Prototyp der modernen Massenkultur. Claussen hat verschiedentlich zwei Thesen in den Raum gestellt, die den platten antiamerikanischen Rekurs auf die Kulturindustriekritik wie auch deren brüske Abweisung von berufsmäßigen Massenkulturarbeitern wie Pop-Musik-Experten bei der SPEX oder Kommunikations- und Medienwissenschaftlern in Frage stellen: Zum einen, dass nicht nur Hollywood, sondern auch (und vielleicht gerade) die Filmproduktion der Weimarer Republik und besonders im Nationalsozialismus Modell für die Kulturindustrie stand, und zum anderen, dass die Thesen zur Kulturindustrie auch als Bericht eines Emigranten in Hollywood gelesen werden müssen.

Die amerikanische gegen die deutsche Erfahrung

Dies führt zunächst weg aus Hollywood und zurück nach Deutschland, zur Ufa. Mit deren Entstehung und Entwicklung waren Adorno und Horkheimer nicht nur durch die Filmkritiken von Siegfried Kracauer in der *Frankfurter*

Zeitung vertraut gewesen.[2] Die Ufa, Deutschlands wichtigste Filmproduktionsfirma, entstand aus dem von der Obersten Heeresleitung 1917 eingerichteten Bild- und Filmamt. Die deutschen Generäle versuchten damit, den Film als Propagandawaffe im Ersten Weltkrieg nutzbar zu machen. Insbesondere Erich Ludendorff plante einen großen, vom Staat gesteuerten Filmkonzern, der erfolgreich produzierend nationalen Interessen dienen sollte. So wurde im Dezember 1918 die Universum-Film AG gegründet.

Die Isolation Deutschlands durch den Ersten Weltkrieg ermöglichte den idealen Zugriff auf den deutschen Markt. Zwischen ökonomischen und militärisch-nationalen Interessen changierend, wurden bald technisch aufwändige Unterhaltungsfilme produziert. In den 1920er Jahren entstanden zahlreiche konventionelle Ausstattungs- und Kostümfilme. Doch auch der Kunstfilm (Expressionismus) wurde insbesondere für den Export als »deutsche Marke« aufgebaut.

1927 wurde die krisengeschüttelte Firma vom Deutschnationalen Alfred Hugenberg aufgekauft. Nach der Machtübergabe an die Nationalsozialisten 1933 unterstand die Ufa dem von Goebbels geleiteten Propagandaabteilung der NSDAP. Durch ihre Vergangenheit als quasi staatliche Einrichtung und durch ihren deutschnationalen Gründergeist war die Ufa perfekt auf die Zwecke der nationalsozialistischen Propaganda zugeschnitten. Der formalen Gleichschaltung hätte es kaum bedurft, denn kennzeichnend für die Firmenpolitik der Ufa war von Anfang an ein vorauseilender Gehorsam gegenüber dem nationalsozialistischen Regime. Noch bevor im Sommer 1933 eine Verordnung zum Ausschluss jüdischer Filmschaffender in Kraft trat, entledigte die Ufa sich ihrer jüdischen Mitarbeiter und Mitarbeiterinnen durch einen Vorstandsbeschluss.

»In Deutschland lag über den heitersten Filmen der Demokratie schon die Kirchhofsruhe der Diktatur«, schrieben Horkheimer und Adorno in der *Dialektik der Aufklärung* und verwiesen damit direkt auf das Weimarer Kino und indirekt auf dessen wichtigste Produktionsfirma (Adorno / Horkheimer 1997: 147). Nicht zuletzt der deutsche Weg: schematisierte Massenproduktion zur Unterhaltung, bewusster Einsatz des Films zur Propagierung nationaler Werte und die enge Allianz von Wirtschaft, Militär und Staat – letztlich die Form einer staatlich gesteuerten Kulturindustrie als nationalsozialistisch-antisemitisches Propagandawerkzeug war die Erfahrung, vor deren Hintergrund die Autoren ihre Kritik der Kulturindustrie formulierten.

Siegfried Kracauer hatte bereits 1928 herausgestellt, dass nicht die Typisierung der Filme an sich zu kritisieren sei: »Verwerflich ist die *Gesinnung* der Filme. In allen Typen, die sich herauskristallisiert haben, wird unsere gesellschaftliche Wirklichkeit auf bald idiotisch harmlose, bald verruchte Weise verflüchtigt, beschönigt, entstellt. Genau das, was auf die Leinwand projiziert werden sollte, ist von ihr weggewischt, und Bilder, die uns um das Bild des Daseins betrügen, füllen die Fläche. Bedarf es der Beispiele? Ein

Überblick über unsere *Durchschnittsproduktionen* genügt.« (Kracauer 1963: 297). Kracauer prägte dafür den Begriff der »Konfektionstechnik« (ebd.: 301). »Es ist an der Zeit, mit dieser Produktion abzurechnen«, erklärte er programmatisch. Dabei schließt er sich nicht einfach den bürgerlichen Kritikern des Kinos an. Im Gegenteil, »der Kreis der eingeschworenen Filmverächter stirbt aus«, und Kracauer ist über diese Entwicklung hocherfreut. Kracauer kritisiert nicht das Kino an sich, noch nicht einmal isoliert »die Industrie« als vermeintlicher Manipulator der Massenbedürfnisse. Im Gegenteil: »Ist aber der Film in die Massen gedrungen, so sind seine Produzenten jedenfalls nicht allein für ihre Ware verantwortlich zu machen. In ihrem eigenen Interesse müssen sie die Bedürfnisse der Konsumenten zu befriedigen suchen, und sogar Hugenberg beherrscht nur bedingt den Markt. Die Kritik der gegenwärtigen Produktion richtet sich mithin keineswegs ausschließlich gegen die Industrie, sie wird genau so an der Öffentlichkeit geübt, die dieser Industrie sich auszuleben erlaubt. Mitgefangen, mitgehangen – das gilt hier in strengem Sinn.« (ebd.: 295)

Es sollte hervorgehoben werden, dass Kracauer insbesondere die Gruppe der Angestellten und Kleinbürger als Adressaten der Kinoproduktion zum Ende der Weimarer Republik ausmachte und dass er gerade in der gegenseitigen Durchdringung von den Wünschen und Bedürfnissen dieser Gruppe und deren Befriedigung durch den Massengeschmack die reaktionäre Gefahr nicht nur für den deutschen Film, sondern vor allem für die gesellschaftliche

Psyche ausmachte. Auf diese Weise die Gesellschaft, und zwar in ihrer jeweils spezifischen nationalen Form, in der Kulturindustrie wiedererkennen zu können, übernahmen Horkheimer und Adorno von Siegfried Kracauer.

Dass daher auch die Massenkultur in den USA eng verbunden war mit der amerikanischen Demokratie und in ihr auch Momente der Resistenz gegen die Identität erhalten blieben, die gleichzeitig im kulturindustriellen Prozess unablässig hergestellt wird, war Adorno durchaus bewusst. So betonte er als Fazit seiner »Erfahrungen in Amerika« die »Erfahrung des Substantiellen demokratischer Formen«, die »in Amerika ins Leben eingesickert« seien. Im Gegensatz zu Deutschland, wo sie »nie mehr als formale Spielregeln waren« (Adorno 1997b: 735). Und im Hinblick auf die Möglichkeit des Denkens der Nichtidentität, die das Verschiedene aufbewahrt und dem Zugriff des Schematismus entzieht, fragt er: »ob nicht in einer vernünftig eingerichteten Welt das qualitativ Verschiedene wiederum zu einem Recht käme, das gegenwärtig von der Einheit der technologischen Vernunft unterdrückt wird. Erwägungen dieser Art jedoch wären überhaupt nicht vollziehbar ohne amerikanische Erfahrung. Kaum ist es übertrieben, dass ein jegliches Bewusstsein heute etwas Reaktionäres hat, das nicht, sei es auch mit Widerstand, jene Erfahrung sich wahrhaft zugeeignet hätte.« (ebd.: 737) Denn, so Adorno: »In Amerika wurde ich von kulturgläubiger Naivität befreit, erwarb die Fähigkeit, Kultur von außen zu sehen.« (ebd.: 734)

Diese »Fähigkeit, Kultur von außen zu sehen« war auch Folge der erzwungenen Flucht aus Deutschland, wo die Nationalsozialisten die Universitäten und den Kulturbetrieb als erstes arisierten, Juden verfolgten, vertrieben, verhafteten, um sie schließlich systematisch zu vernichten. Die Erfahrung der Flucht, das Leben als Emigrant in einer fremden Kultur, der Dankbarkeit entgegen zu bringen war und die den alles Zurücklassenden dennoch wenig Offenheit signalisierte, ist der Zeit- und Erfahrungskern der *Dialektik der Aufklärung*, die Adorno mit Max Horkheimer 1941 in Kalifornien zu schreiben begann. Das deutsche Morden, das aus den Presseberichten und Erzählungen von anderen Flüchtlingen, aus Briefen und Hilfsaufrufen den Emigranten immer deutlicher wurde, der unüberwindliche Bruch innerhalb der Moderne, die Erfahrung des Sinnverlusts sind es, die nicht nur die zentralen »Elemente des Antisemitismus«, die »Horkheimer und ich im strengsten Sinne gemeinsam verfassten, nämlich buchstäblich zusammen diktierten« (ebd.: 721), sondern auch das Kapitel über die Kulturindustrie deutlich prägen.

Das Material zur Kritik der Massenkultur in der spätkapitalistischen Moderne hatte sich Adorno größtenteils durch seine Mitarbeit im Princeton Radio Research Project in New York angeeignet. Hier entstanden auch die zentralen theoretischen Ansätze, insbesondere die Kritik der Standardisierung in der Massenkultur. Der »Stein der

Stereotypie« ist Folge der kulturellen Massenproduktion. Hierin ist durchaus auch eine polemische Abgrenzung gegen den Freund Walter Benjamin zu sehen. Sah dieser in der Massenkultur (insbesondere im Film) das Potential, durch Momente des Schocks die Menschen aus ihrer fatalistischen Lethargie zu reißen, sind Adornos Überlegungen zum Fetischcharakter der Massenkunst stärker im Sinne einer totalen Verdinglichung zu verstehen (vgl. Hesse 2006: 214). »Ihr entspricht ein verdinglichtes, der spontanen Erfahrung kaum mehr mächtiges, sondern weithin manipuliertes Bewusstsein.« (Adorno 1997b: 711)

Doch gerade der subjektive Bericht Adornos über seine »wissenschaftlichen Erfahrungen in Amerika« macht es unmöglich, Hollywood nur als fortgeschrittenstes System standardisierter Kulturproduktion anzusehen. Detlev Claussen weist auf die Lücken in der Rezeption durch Kritiker wie Apologeten hin, wenn er anmerkt: »Die produktive Phantasie, die im System Hollywood nicht zur Entfaltung kommen kann, wird von den späteren Anklägern wie Apologeten des Buches übersehen. Kritisiert wird die ›Fusion von Kultur und Unterhaltung‹, weil Kultur trivialisiert wird, und ebenso wegen der ›Vergeistigung des Amüsements‹. Damit wird das Kino um sein Bestes gebracht.« (Claussen 2004: 50)

Dieses »Beste« nämlich liegt gerade in den Momenten, in denen der Verlust aufblitzt und das Versprechen von Individualität sichtbar wird, dessen Realisierung aber unerfüllbar bleibt. In diesen Momenten setzt der kontinuierliche Fluss der Zeit, die Zeiterfahrung des Kapitalismus als Bewegung von Kausalität und Zweck, dem Vertrag nachempfunden, aus. Andeutungsweise erfahrbar wird so nichtkontinuierliche Zeit. Diese Überlegungen folgen aus dem Verständnis des Films als Teil der Moderne. Darin wiederum sind sie dem verwandt, was Walter Benjamin in seinem Passagen-Werk über das dialektische Bild schrieb: »Zum Denken gehört ebenso die Bewegung wie das Stillstellen der Gedanken. Wo das Denken in einer von Spannungen gesättigten Konstellation zum Stillstand kommt, da erscheint das dialektische Bild. Es ist die Zäsur der Denkbewegung.« (Benjamin 1983: 595) Doch dieses dialektische Bild findet sich in der Kulturindustrie entstellt als Muster oder Schema, herausgesprengt, auf Geschichtlichkeit verweisend und gleichzeitig den kontinuierlichen und ungebrochenen Fluss der Story garantierend, eingepasst und Teil der bunt schillernden Oberfläche der Massenkultur. Solche Momente sind einerseits – wie die Widersprüche und Paradoxien des kapitalistischen Verwertungsprozesses – in der Massenkultur integriert. Doch gleichzeitig verweisen sie auf ihre Gemachtheit und auf ihre Macher, lassen noch einen angedeuteten Bezug zum Konzept des Stils aus der bürgerlichen Kunstepoche erkennen.

Negativ scheint dieser Bezug im veröffentlichten Teil des Kulturindustrie-Kapitels und mehr noch in dem nichtveröffentlichten Text »Schema der Massenkultur« auf. Die Ausführungen lassen sich auch als Stellungnahme gegen die Realität Hollywoods in den 1940er Jahren lesen, als informierte Nachbildung des entwickelten Studiosystems unter – wie Claussen schreibt – »anteilnehmender Beobachtung mit den Akteuren – actors, composers, writers, producers und directors jeder Art« (Claussen 2004: 51). Denn diese bildeten das soziale und intellektuelle Umfeld Adornos in Los Angeles. Vor allem der Regisseur Fritz Lang, einer der Protagonisten des Weimarer Kinos (mit *Dr. Mabuse* und *Die Nibelungen*), von den Nazis protegiert und dennoch in die USA emigriert, und seine Frau Lily Latté wurden enge Freunde des Ehepaares Adorno.

Deutschland in Amerika: Fritz Lang

Am 5. März 1958, nachdem Adorno an das neugegründete Institut für Sozialforschung in Frankfurt zurückgekehrt war, und zwei Jahre nachdem Lang nach 23 Jahren erstmals wieder deutschen Boden betreten hatte (vgl. Aurich u. a. 2001: 406), sollte beim Hessischen Rundfunk ein Radiogespräch zwischen dem Philosophen und dem Regisseur stattfinden, von dem leider nur Adornos Fragen überliefert sind. Diese verweisen auf einige interessante Punkte, die die Kulturindustriekritik weiter konturieren und Rückschlüsse auf Adornos Anerkennung gegenüber Lang als Regisseur zulassen. So stellt Adorno die Überlegung in den Raum, »als wäre der Film durch das heutige Ideal der Natürlichkeit zahmer als früher, hätte gewisse Möglichkeiten des Extrems, über die er in seiner Pionierzeit verfügte, verloren.« (ebd.: 407) Mit dieser Frage kritisiert Adorno zeitgenössische Tendenzen zu einem sozialen Realismus im Kino, der eine scheinbar unmittelbare und naturalisierende Wiedergabe der äußeren Wirklichkeit suggeriert. Er hebt die Ambivalenz hervor, dass im frühen »Kino der Attraktionen« nicht nur die unmittelbare Triebbefriedigung im Ereignis, sondern auch immer ein Moment der Spontaneität enthalten war. Bezogen auf Lang verweist Adornos Frage auf seinen Stil als Regisseur des Extremen. Extreme, die nicht in der Sensation beispielsweise von *Metropolis* aufgehen, sondern vielmehr seine mit *M – eine Stadt sucht einen Mörder* begonnenen und in den USA weiterentwickelten impliziten Gesellschaftsstudien betreffen. Diese funktionieren nicht unmittelbar politisch und verweisen doch auf den gesellschaftlichen Kern der Frage nach der Gewalt des Kollektivs gegen den Einzelnen und auf das Umschlagen von Zivilisation in Barbarei. Eingefasst in die klassische Narration des Studiosystems durchbricht Lang diese auch, beispielsweise in *Fury* (1936). Langs erster amerikanischer Film zeigt, wie ein Unschuldiger zum Opfer willkürlicher Strafverfolgung wird, wie die Bürger sich zur Masse verschmelzen im Wunsch den einen zu vernichten. Gerade aus Deutschland emigriert, zeigt Lang die Macht der Massen bzw. den Schein dieser Macht. Aber er zeigt auch wie der Protagonist selber – im Zweifel an Zivilisation und Recht – dem Wunsch nach Rache zu erliegen droht. Das Thema der Schuld zieht sich wie ein roter Faden durch Langs amerikanische Filme. Dabei begreift er die bürgerliche Ordnung durchaus als fragil. Mit ihrer Gegenseite, dem Verbrechen, ist die Gesellschaft stets verbunden. Gerade durch das Genrekino hindurch, indem Lang Elemente des

Kriminalfilms und des Thrillers aufgreift und weiterentwickelt, wird die Gesellschaft fassbar. Mit dem Genre tritt eine gesellschaftliche und politische Dimension in die Filme ein: »Die Definition eines Genres führt (...) zur Definition von gesellschaftlichen Widersprüchen, die auch im einzelnen Produkt der Unterhaltung noch in der einen oder anderen Form aufzuspüren sind.« Georg Seeßlen betont: »Genre ist als eine mehr oder minder kollektiv geformte Art des Erzählens, also nicht ohne Gesellschaft zu denken.« (Seeßlen / Kling 1977: 13) Mit den vorgebildeten Formen schreibt sich die Gesellschaft in den Film hinein. *Fury* hält sich an die Regeln Hollywoods. Er bleibt im Genrerahmen, auch wenn er Kriminalfilm und Sozialdrama mischt, und liefert ein klares Happy End, das den Protagonisten einsichtig werden lässt. Doch gleichzeitig verweigert sich Lang dem vollständigen Sinnbezug. Eine Versöhnung findet nicht statt. Die Masse, Adressat der Massenkultur, bekommt ihre eigene Fratze vorgesetzt. Lang montiert in den Prozess gegen zweiundzwanzig namhafte Bürger, die der Lynchjustiz angeklagt sind, (fiktionale) Wochenschaubilder, die als Beweis für die Schuld der Angeklagten dienen. Er führt so eine »filmische Wahrheit« in das Gerichtsverfahren ein und reflektiert dabei auf das Medium selbst. Diese Bilder sind Zeugen der Anklage, weil sie etwas sichtbar machen. Dazu unterbricht Lang ihren Fluss. Die Bilder des Mobs werden mehrfach angehalten und zeigen, still gestellt, die Gesichter einzelner Massenmitglieder. Sie lösen den Einzelnen aus dem Kollektiv heraus und versuchen, mit Hilfe des filmischen Verfahrens das Massenverbrechen in die Kategorien individueller Schuld zurückzuübersetzen. Gerade durch die Reflexion auf das Medium, das Wechselspiel zwischen Bewegung und Stillstand, Großaufnahme und Massenaufnahme, verdeutlicht *Fury* das Verhältnis von Einzelnem und Masse.[3]

Jenseits der Pseudo-Individualisierung

Dies verweist auf den Umgang mit dem Individuum. In »Das Schema der Massenkultur« heißt es: »Indem ein Film überhaupt nur ein individuelles Schicksal gestaltet, wäre es selbst mit dem äußersten kritischen Anstand, unterliegt er bereits der Ideologie. Der Fall, der vorgetragen wird als einer, den zu erzählen noch sich lohnt, wird noch als verzweifelter zur Ausrede für die Welt, die etwas so Erzählenswertes hervorbringt, während ihre Verzweiflung stumm darin sich ausdrückt, dass sich von ihr nichts mehr erzählen lässt.« (Adorno 1997a: 303) Folge der Standardisierung ist die immergleiche Wiederholung der Heldenreise, auf der es keine handelnden Subjekte mehr gibt. Als ungeschminkte Schminke setzt die Massenkultur den Typen Masken auf, die sie nur als Individuen bezeichnen. Was sie nivelliert ist Geschichte und Erfahrung. Auch hier ist die negative Totalität die faschistische Massenkultur: »Als Zentralstelle für Regression besorgt Massenkultur fleißig die Herstellung jener Archetypen, in deren Überleben die faschistische Psychologie das zuverlässige Mittel zur Fixierung der modernen Herrschaftsverhältnisse sieht.« (ebd.: 332)

Aber es wäre wiederum falsch, hier nicht auch die Differenz wahrzunehmen, die in einer weiteren Frage Adornos an den Regisseur Lang anklingt: ob es nämlich »gewisse Differenzen zwischen Amerika und Europa« gäbe, »die mit verschiedenen Mustern der Identifikation zusammenhängen«. Und in Klammern steht: »(Alltagsmensch und Ausnahmemensch)« (Aurich u.a. 2001:407). Natürlich ist die Figur vom »all american boy« ein Stereotyp. Wirklichkeit und Erfahrung sind darin kondensiert und verformt. Als fixiertes Schema dient das Stereotyp zur vor- und unbewussten Aufnahme von Informationen, ohne Differenz und Widerspruch darin sichtbar zu machen. Doch gerade das Hollywood-Märchen in seiner Künstlichkeit und mit seinen Überzeichnungen deutet noch das Versprechen des bürgerlichen Subjekts an. Das Stereotyp des »all american boys« bewahrt die Vorstellung von Autonomie, Freiheit und Selbstentfaltung; selbstverständlich innerhalb des ökonomischen und auch patriarchalen Rahmens bürgerlicher Gesellschaft. Und doch ist es eben eine nicht unwesentliche Differenz, dass uns die Helden von Frank Capras Filmen als jene Alltagsmenschen entgegentreten, die sich vom Ausnahmemenschen so deutlich abheben. Jener Alltagsmensch, der sich gegen die staatlichen Institutionen richtet, um das (idealisierte) Gemeinwohl einzuklagen, findet sich verpackt in continuity style und Märchenstoff in *Mr. Smith goes to Washington* (1939) als Gegenbild zum (der staatlichen Macht nachgebildeten) Outlaw und zum faschistischen Kämpfer für den Staat gleichermaßen. Als Alltagsmensch ist er auch nicht zwangsläufig Massenmensch und doch bleibt er Stereotyp und damit einerseits das Besondere, das für ein Allgemeines einstehen soll, das aber gleichzeitig an die fehlende Versöhnung, an das Unrealistische des Dargestellten und damit an das Irreale der Realität erinnert.

Daher ist es aufschlussreich, wenn Adorno in »Wissenschaftliche Erfahrungen in Amerika« auch die Herkunft der Theorie der Standardisierung und Pseudo-Individualisierung beschreibt und erklärt, dass die Pseudo-Individualisierung als Vorform des Begriffs von Personalisierung gedacht war. Diese nämlich eliminiert in der Subjektivität als Totalität alles Individuelle und macht die Figur zur Personifizierung einer Projektion.

Vor dem Ende der Geschichte

Die Kritik der Pseudo-Personalisierung bezieht sich auf die Feststellung, dass mehr noch als in der Kunst des 19. Jahrhunderts die Rede vom Individuum zur Lüge wird, wo sich das Individuum gleichsam dissoziiert im Prozess der Verwertung. Mit dem Individuum löst sich auch eine dynamische Vorstellung von Zeit in einer kausalen Zeitstruktur auf, die vom Tauschakt als zentraler Vergesellschaftungsinstanz gesetzt wird. Dieser schließt Geschichtlichkeit aus sich aus. Zwar setzt der Vertrag die Unterscheidung von Vergangenheit, Gegenwart und Zukunft voraus, doch gleichzeitig wird eine Identität des Verlaufs der Zeit durch sie hindurch als Geschichte gesetzt. Dies trifft Geschichtsschreibung wie Geschichtenerzählen gleichermaßen und in diesem Verhältnis liegt auch die Fixierung des klassischen Hollywood-Stils auf den kausalen Verlauf der Handlung begründet. Dies ist das eiserne Diktat der Unterhaltung: die Kontinuität der Zeit. Wie der Vertrag immer an einen kausalen Grund, den Vertragsschluss, für das Handeln der Subjekte erinnert, so soll auch der Grund für das Handeln der Filmfigur einer eindeutigen Quelle entspringen: »Nicht eine dynamische Geschichtlichkeit, in der die Gegenwart von der Vergangenheit durchlebt ist und aus der heraus der Wunsch in die Zukunft führt, entspringt diesem Verhältnis, sondern deren Stilllegung in einem linearen Zeitablauf von Ursache und Wirkung. Neben der Geschichtsvergessenheit produziert also die bürgerliche Gesellschaft zugleich eine Geschichte, die auf die Vergangenheit festgeschrieben ist und aus der die Spontaneität ausgeschlossen ist.« (Lippmann 2007: 201)

So ist die Zeitlichkeit eine zweite Kategorie, die die Grenzen und Brüche von Hollywood sichtbar machen kann. Dies betont auch Adorno an zentraler Stelle in »Das Schema der Massenkultur«: »Es ist gerade das Thematischwerden der Zeit, das es erlaubt, ihre Heteronomie aus dem ästhetischen Bezirk zu bannen und dem Kunstwerk zumindest den Schein einer Zeitlosigkeit zu injizieren, der es zum Wesen, zur reinen Reflexion des bloßen Daseins macht und damit Transzendenz ausdrückt.« (Adorno 1997a: 312) In Hollywood ist es gerade der *Film Noir,* der mit der kausalen Zeit bricht und der in Erzählstruktur und Figurenkonstruktion auf die Krise der Moderne reflektiert. Die Zeit ist aus den Fugen: »Es wird

Vergangenheit heraufbeschworen, ein Temps perdu, an den man sich schmerzvoll erinnern, auf den man aber nicht mehr einwirken kann. Die in diesen Geschichten meist nur wenigen Personen sind in eine winzige Modellwelt eingesperrt, in die nichts von der äußeren Wirklichkeit eindringt. Der Plot wird zum psychologischen Schachspiel, und wie ein Schachspieler hält der Zuschauer, mittels Rückblende und Off-Erzählung, beobachtende Distanz zu den Figuren auf dem Brett.« (Werner 1985: 70)

Billy Wilder, der ebenfalls als Jude aus Nazideutschland fliehen musste, hat in zweien seiner Filme die Verschränkung verschiedener Zeitebenen angewendet. In *Sunset Boulevard* (1950) konstruiert er eine nahezu paradoxe Erzählperspektive. Der Film beginnt mit dem Blick auf einen toten Mann in einem Swimmingpool, der zu der Villa einer ehemaligen Starschauspielerin in Hollywood gehört. Das Filmmilieu eröffnet nicht nur eine selbstreferentielle Ebene. Vielmehr wird die Erzählform des Films selbst reflektiert, indem sich der Tote als Erzähler der Handlung herausstellt. Damit wird ein Grundgesetz des Erzählens verkehrt, das Adorno in »Das Schema der Massenkultur« in seiner sinnstiftenden und der Selbstvergewisserung dienenden Funktion beschreibt: »Wie der kindliche Leser, der einen Abenteuerroman in der Ichform liest, von vornherein die Beruhigung hat, dass dem Helden nichts geschehen ist, da er sonst nicht erzählen könnte, so geht es in gewissem Maße dem, der dem photographierten Roman beiwohnt.« (Adorno 1997a: 310) In *Sunset Boulevard* gibt es diese Sicherheit nicht. Im Zentrum stehen Vergehen und

Vergessen. Der Versuch, die Erinnerung an eine ungebrochene, noch heile Vergangenheit als Lebensrealität einfach zu konservieren, muss scheitern. Gerade darin verweist Wilder auf die Zeit als vergehende.

In Wilders *Double Indemnity* (1944) ist die Erinnerung selbst der quälende Prozess. Der Bürger ist zum Mörder geworden und er findet sich zum Selbstgespräch. Hier ist es ein Sterbender, der spricht, gezeichnet von den äußeren Wunden seiner Schuld. Er spricht seine Beichte in ein Diktaphon und adressiert sie damit als Erzählung an die Zuschauer. Das Medium fungiert als letzter Gesprächspartner und Beichtvater. Die Schuld an der Geschichte hat sich in den Köper eingegraben.

Peter Lorre wählt eine ähnliche Situation in seinem einzigen Nachkriegsfilm, den er in Deutschland nur unter erschwerten Bedingungen realisieren konnte. *Der Verlorene* (1951) wurde im vom bunten Heimatfilm erfüllten Nachkriegsdeutschland massiv abgewehrt. Gezeigt wird hier der, der Widerstand leistete, und trotzdem schuldig überlebt, während der Täter – erfahrungs- und erinnerunglos – die Schuld in Betriebsamkeit umwandelt. Verbrechen und Weltkrieg sind zentrale Bezugspunkte dieses hochartifiziellen und mit realistischen Formen brechenden Zeitstils. Sicherlich ist es kein Zufall, dass gerade in diesem Genre viele deutschsprachige Emigranten reüssierten und es wäre verkürzt, wollte man filmhistorisch nur den expressionistischen Stil des Weimarer Kinos in den Filmen wieder entdecken und nicht die Erfahrung der Katastrophe in Europa.

Der Detektiv im Hollywood der 1940er Jahre ist längst nicht mehr jener emphatische Aufklärer, der das Rätsel stellvertretend für das Publikum löst und die Ordnung wieder herstellt. Unterwelt und bürgerliche Lebenswelt sind sich zu ähnlich geworden. Die Puzzelstruktur (Urform der Kausalität neben dem Schachspiel, beide kommen im *Film Noir* deutlich zur Geltung) löst sich in eine undurchdringbare labyrinthische Struktur auf, deren Referenz aber immer das beschädigte und dissoziierte Subjekt bleibt. In der körperlichen Verletzung veräußert sich die seelische des bürgerlichen Subjekts, nur schlecht kompensiert im Triebaufschub, der dem Zuschauer verspricht, am Ende werde sich alles zum Guten wenden. Doch jene Aufforderung, »jeglichem veranstalteten Sinn zu entsagen und durch die fessellose, gleichsam passive, ›empiristische‹ Preisgabe an das Zeitelement, auf dessen Bewältigung verzichtet wird, die Absenz des Sinnes hervortreten zu lassen und ihn selber allein in seiner Negativität« (Adorno 1997a: 313), diese Forderung hat längst auch das Kino ereilt und in den beschädigten Figuren werden die Opfer des Massenwahns und die verkrüppelten Kriegsheimkehrer schon vorweggenommen. Michael Curtiz' *Casablanca* (1942) nur als eskapistische Selbstschau des amerikanischen Genrekinos sehen zu wollen, gibt der deutschen Zensur recht, die meinte durch neue Dialoge und Verstümmelung der Schnittfassung die antifaschistische Haltung des Films für das deutsche Nachkriegspublikum zum Verschwinden zu bringen. Doch allein der intertextuelle Bezug von Bogarts Rick, als Symbol für die USA, auf jene Detektive, die zwar noch bürgerliche Aufklärer sein wollen, dies aber aufgrund der erfahrenen Gewalt nicht mehr können, macht dies unmöglich. Ausgelöscht sein müsste bereits jede menschliche Regung, wenn man im Gesicht des Schauspielers Peter Lorre als politischem Flüchtling nicht jenen Flüchtling wieder erkennen würde, der Lorre tatsächlich war. Die Physiognomie des Gesichts, der Verweis auf die Verletzlichkeit des menschlichen Körpers, konserviert eine Ahnung vom Leiden, die das postmoderne Kino im referenzlosen Zitat zum Verschwinden bringt.

Imitation und Nostalgie: die postmoderne Wiederholung

Es scheint fast so, als käme das Schema der Massenkultur gerade in der postmodernen Ästhetik ganz zu sich. Indem das Stereotyp zum Instrument des lustvollen Spiels wurde, rekurriert das junge Hollywood tatsächlich nur mehr auf die eigene Geschichte. Doch letztlich wird noch diese selbst in einer Ästhetik der nostalgischen Imitation aufgelöst. Wo das Bild nur mehr auf ein anderes Bild verweist, wo die Referenz getilgt ist, da stellt sich auch die Frage nach dem Nichtabzubildenden nicht mehr (vgl. Ebbrecht 2008). Nun kann alles gezeigt werden. Der geschundene Körper ist Zeichen genauso wie das Lagertor von Auschwitz. Filmemacher und Rezipient feiern sich selbst und die eigene Erinnerung, die im bloßen Wiedererkennen des Immergleichen vom Inkommensurablen, Schmerzhaften oder bloß Verschiedenen nichts mehr wissen kann und will. Hier trifft der Satz aus dem Kulturindustriekapitel, »dass man endlich der Anstrengung der Individuation durch die freilich atemlosere der Nachahmung enthoben sei.« (Adorno / Horkheimer 1997: 197) Bei Quentin Tarantino entpuppt sich die Selbstreferenz als lustvolles Abfinden mit Schmerz, Leid und Gewalt und *Matrix* (1999) feiert die Befreiung vom Körper. Ganz offenbar wird das postmoderne Bedürfnis dort, wo sich das postmoderne Hollywoodkino auf die Geschichte bezieht. Paradoxerweise ist gerade dort, wo die Referenz vermeintlich zerschlagen scheint und das Bild nur noch ein anderes Bild zitieren soll, die Fixierung am größten. Schon in der *Dialektik der Aufklärung* findet sich die Kritik an dieser postmodernen Fixierung: »Damit aber wird das Wort, das nur noch bezeichnen und nichts mehr bedeuten darf, so auf die Sache fixiert, dass es zur Formel erstarrt.« (ebd.: 188)

So auch Steven Soderberghs *The good German* (2006). Die Credits und die Musik imitieren schon zu Beginn den Stil des *Film Noir* und der Anti-Nazifilme Hollywoods. *Casablanca* liefert gleichsam das De-Codierungssystem für *The Good German.* Implizit reproduziert der Film – und an dieser Stelle muss man den Stil der postmodernen Kinonostalgie berücksichtigen – ein Bild Amerikas, das in gängiger Lesart prototypisch in der von Humphrey Bogart gespielten Figur des Barbesitzers Rick repräsentiert wird.

George Clooneys Kriegskorrespondent Jacob Geismar, der wegen der Berichterstattung über die Potsdamer Konferenz nach Berlin reist, wo er vor dem Krieg bereits als Auslandskorrespondent beschäftigt war, entlehnt Bogart einiges. Das glatte Stargesicht bekommt einige Schrammen und jede dieser Schrammen wirkt wie ein Zitat aus dem *Film Noir,* aber eben nicht als Verweis auf dessen Zeitkern. Diesen bildeten aber die Filme der 1940er Jahre nicht direkt ab. Vielmehr bezogen sie sich auf ihn durch eine spezifische Stimmung. Sie reflektierten also gerade in ihrer Künstlichkeit die Differenz von der Realität, während das postmoderne Zitatkino, das sich historisierend auf die Geschichte bezieht, gerade durch die Kombination von politischem Bezug auf die Gegenwart und der Negation von Referenz auf Geschichte – im Sinne einer nostalgischen Selbstreferenz auf alte Filme – dem nahekommt, was Adorno in »Das Schema der Massenkultur« kritisiert: »Mit der Liquidation ihres Gegensatzes zur empirischen Realität nimmt Kunst parasitären Charakter an. Indem sie selber als Realität auftritt, welche die draußen substituieren soll, bezieht sie sich tendenziell auf Kultur als ihren eigenen Inhalt.« (Adorno 1997a: 303) Dies wäre scharf zu unterscheiden von der *Selbstreflexion,* mit der das Kino der Moderne den eigenen Status als Film reflektierte und damit auf eine Gemachtheit verwies, die wiederum durch die Kunst und ihre Verfremdungsmöglichkeiten auch die widersprüchliche Wirklichkeit treffen wollte. »Die tatsachentreue Massenkultur zieht den Wahrheitsgehalt ein und erschöpft sich im Stoff, hat aber zum Stoff nur noch sich.« (ebd.) Dieses Postulat meint die selbstreferentielle Struktur der postmodernen Ästhetik.

Hollywoods Filme der 1940er Jahre wussten um ihren Schematismus, und gerade in den stereotypen Figuren wie der Femme fatale, nahmen sie diesen durch ironische Überaffirmation oft direkt auf die Schippe. So sind doch gerade die Filme, wie auch Adorno und Hanns Eisler wussten, »in denen die patterns sich selber einbekennen wie Gangster-Filme, Western-Filme und Horror-Filme den prätentiösen erstklassigen Produktionen häufig an Unterhaltungswert überlegen.« (Adorno / Eisler 1997: 25) Auch *The Good German* zeigt eine Femme fatale. Doch er totalisiert das Stereotyp. Cate Blanchet spielt Lena Brandt, eine deutsche Jüdin, die als Ehefrau eines SS-Mannes den Krieg äußerlich unbeschadet überlebt hat. Vor dem Krieg war sie die Geliebte von Geismar, nun arbeitet sie als Prostituierte und lässt sich von Tully, einem amerikanischen Militärfahrer, aushalten. Tully, nach außen ein braver »all american boy«, ist im Schwarzmarkthandel engagiert. Er handelt mit Russen, Amerikanern und jüdischen Displaced Persons, gegenüber denen er sich jedoch »Judenpreise« verbietet, und wird schließlich unter mysteriösen Umständen ermordet, als er den Russen Lenas Mann, den Mathematiker Emil Brandt verkaufen will, der jedoch offiziell bei einem Bombeneinschlag ums Leben gekommen ist. »Lena hat einen äußerst komplizierten Charakter, aber wir hatten in der Geschichte nicht genug Zeit, all die Facetten zu beleuchten, die ihr Leben beeinflussen«, erklärt Regisseur Soderbergh. Und genau das ist das Problem. Das Figurenstereotyp der Femme fatale dient als dramaturgisches Vehikel für nahezu alle Konfliktstoffe des Nationalsozialismus und der Nachkriegszeit. Lena ist Frau eines SS-Täters und gleichzeitig Jüdin, die in Berlin versteckt überlebt, sie ist Opfer einer Vergewaltigung durch russische Soldaten, sie ist mehrfache Mörderin, Prostituierte und entpuppt sich schließlich selbst als Nazikollaborateurin. Die vom Genre vorgegebenen widersprüchlichen Konflikte (tatsächlich im Sinne von »Schema der Massenkultur« die Liquidation des Konflikts als Kategorie des klassischen Dramas und damit Signum der Geschichtslosigkeit) machen sie gleichzeitig zur Jüdin und zur Deutschen, zur Täterin und zum Opfer. Das Opfer selbst wird zum Täter. Schuld wird eine allgemeine Kategorie. Sie trifft die Deutschen, ihre Opfer und auch die Alliierten, besonders Tully, gespielt von *Spiderman*-Darsteller Tobey Maguire, den »all american boy«, hinter dessen braver Fassade das korrupte Amerika gemeint sein soll. Auch dies ist ein Verweis, der in seiner Vereindeutigung falsch wird. Die Ambivalenz des schuldigen Bürgers, die der *Film Noir* thematisierte, trifft er nicht. Vielmehr geht es ganz und gar um die Gegenwart, um den platten Verweis auf George W. Bush und die heutigen USA.

Während Clooney als Bogart-Jake durch den Dschungel Berlins stolpert, verschwindet die Geschichte in einem Gemisch von Filmzitaten, Klischees, Halbwahrheiten und dramatischen Effekten. Genauso wenig wie die Geschichte von Lena muss auch die Geschichte ihres Mannes plausibilisiert werden. Er, der in den gefluteten U-Bahn-Schächten von Berlin lebt, ist der gute Deutsche, den der Titel verspricht. Dieser gute Deutsche ist ein moralischer Patriot. »Für Deutschland«, erklärt er, müsse man die Schuld anerkennen und dürfe nun nicht einfach zu den

Amerikanern überlaufen. Warum er so ganz anders denkt als seine Zeitgenossen, warum das Erinnerungsmodell der »Berliner Republik«, sich im Namen der deutschen Verbrechen gegen die USA zu wenden, in die Nachkriegsvergangenheit verlagert wird, bleibt unerklärt. Der gute Deutsche ist das erste Opfer des Kalten Krieges und damit von jeglicher Schuld befreit. Am Ende ist es die Jüdin, die das Flugzeug nach Amerika besteigt und die Kontinuität der Verbrechen symbolisiert, während der idealistische Amerikaner Jake vom Schein getäuscht zurückbleibt, gescheitert und nicht wie einst Rick bereit zum Handeln. Der vermeintliche Tabubruch, einen Film ohne die Zensur des Hayscode und über amerikanisches Versagen im Kalten Krieg zu machen, lässt die Geschichte vom Haken. Die Widersprüche jener Jahre können in den konventionalisierten Formen postmoderner Ästhetik nicht erzählt werden und mehr noch: selbst ihre Andeutung verschwindet hinter den Schemata der Massenkultur.

Hinter der Maske

Kommen diese Schemata in der nostalgischen Geschichtsfiktion des *progressive Hollywood* als entleerte Zeichen erst richtig zur Geltung, zeigt sich andererseits im Blockbusterkino der Gegenwart eine Tendenz zur impliziten Thematisierung dieser Geschichts- und Erfahrungslosigkeit. Ein Beispiel dafür ist der dritte Teil der *Spiderman*-Trilogie. Als konventionell, pathetisch oder amerikanisch-patriotisch abgelehnt, wurde der Film zum Ausdruck eines

»konservativen Hollywoods«. Erstaunlicherweise finden sich aber gerade hier Residuen des klassischen Hollywoodkinos und seiner Ambivalenzen wieder, wie der Rekurs auf die beschädigte Individualität, die, in der Kombination von Superheldengeschichte und Highschool-Lovestory, Thema aller drei Teile der Comicverfilmung ist. Superheld zu sein ist weniger ein Segen denn ein Fluch. Der Alltagsmensch wird in das Kostüm des Ausnahmemenschen gezwängt und zwischen beiden entsteht eine konfliktreiche Beziehung, die Momente der Schizophrenie des spätmodernen Subjekts enthält.

Der erste Teil von *Spiderman* sollte unmittelbar nach den massenmörderischen Attentaten vom 11. September 2001 in die Kinos kommen. Doch er wurde zurückgezogen. Szenen, die auf dem von Islamisten zerstörten World Trade Center gedreht worden waren, wurden nachgedreht. Dieser Zeitkontext hat die *Spiderman*-Reihe geprägt und die Verweise auf die beiden ersten Teile strukturieren durch Flashbacks auch das Ende der Trilogie. Der Film bekommt damit die Struktur eines Traumas, denn wie im Trauma kommen zwei Zeiten zusammen, die Gegenwart und die Vergangenheit. Zwei beschädigte Individuen treffen aufeinander, Peter Parker, der seinen Onkel verlor und mit der Bürde des Superhelden lebt, die verhindert, dass er mit seiner Freundin glücklich werden kann, und ein Verbrecher, der Parkers Onkel einst erschossen hatte. Die unbewältigte Trauer verkehrt sich in Hass. Das Verlustgefühl des Alltagsmenschen Parker wirkt sich auf den Superhelden Spiderman aus.

Spidermans Weg auf die »dunkle Seite« ist nicht bloß die Mythisierung des Mythos wie in Lukas' *Star Wars*, sondern Sinnbild verdrängter Schuld, die nicht nur eingebildet ist, sondern real, denn – ähnlich wie in *Fury* – treiben Rache und Gewalt den Bürger Parker gegen die verteidigte Zivilisation und machen ihn dem Verbrecher ähnlicher als er sich wünschen kann. Wenn Spiderman das rote Kostüm durch ein schwarzes tauscht, dann verweist dieser Tausch auch auf das Medium selbst: die Maske als Allegorie für die stereotypen Schemata, die Strukturen der Pseudo-Individualisierung der modernen Massenkultur. Noch deutlicher wird dies, wenn Parker durch das gewachsene Selbstvertrauen im schwarzen Designeranzug und mit Sonnebrille durch die Straßen New Yorks zieht. Die ausgestellte Coolness ist nicht nur Sinnbild falschen Individualismus'. Viel konkreter bezeichnet sie den maskenhaften Schick der Postmoderne von *Pulp Fiction* (1994) über *Matrix,* den sich selbst die filmische Heroisierung des Selbstmordattentäters in *Paradise Now* zu eigen machte. *Spiderman* kritisiert mit dem Schematismus die Selbstreferentialität und er setzt dagegen den verletzten Körper und das zerschundene Gesicht. Fast die gesamte zweite Hälfte des Films ist das Kostüm des Superhelden nicht mehr intakt. So tritt der Alltagsmensch hinter dem Ausnahmemenschen hervor. Was das Publikum sieht, ist kein stählerner Körper, keine Uniform der Coolness, abgekoppelt vom realen Körper, sondern der verletzbare und geschundene menschliche Körper.

Dabei funktioniert keine der Figuren im manichäischen

Schema von Gut-Böse.[4] Nicht nur Spiderman bekommt in diesem Film eine zweite, dunkle Seite. Zusätzlich wird die Figur des Bösen verdoppelt und Gut und Böse spiegeln sich in Parkers Freund und gleichzeitigem Widersacher Harry Osborn, der ebenfalls einen Verlust betrauert. Sein Vater war im ersten Teil der Trilogie als Goblin der Gegner Spidermans. So wie Parker in der unbewältigten Trauer um den »guten Vater« auf die dunkle Seite wechselt, ist Harry in einem Zirkel des Wiederholungszwangs gefangen, indem er als Reinkarnation des »bösen Vaters« zum New Goblin wird.

Indem der Film auf diese Weise die Schemata der Massenkultur gegen sie wendet und ein paradoxes Geflecht sich gegenseitig durchdringender Zeitebenen entwirft, macht er die Geschichte als Trauma oder intergenerative Verkettung selbst sichtbar.

Familiengeschichte als Geschichtsfiktion

Auch in den deutschen Geschichtsfiktionen der letzten Jahre findet sich der Bezug auf Generation und Familie in der Erzählstruktur wieder (vgl. Ebbrecht 2007: 182). Doch hier wird sie zu einem nahezu totalisierten Erzähl- und Erfahrungsmodell und gleichzeitig verleugnet. Filme wie *Das Wunder von Bern* (2003), *Der Untergang* (2004), *Napola – Elite für den Führer* (2004) oder *Sophie Scholl – Die letzten Tage* (2005) funktionieren wie getreue Abbilder der kollektiv im intergenerationellen Austausch verfertigten Herkunftsgeschichten und ihrer Geschichtsbilder. Sie sind zusammengesetzt aus Bildern und Stereotypen der Populärkultur, Versatzstücken aus biografischen Erzählungen und Verschiebungen und Verdichtungen, die den Anforderungen der Konstruktion einer kohärenten, identitätsstiftenden Herkunftsgeschichte entsprechen. Doch diese Bezüge zum Familiengespräch teilen die Filme nur indirekt und versteckt mit. Die Versatzstücke aus der Populärkultur stellen sich ebenfalls nicht als solche dar. Weniger die Nostalgie, die das postmoderne Geschichtsnarrativ wie in *The Good German* auszeichnet, sondern vielmehr die Imitation, prägen die neuen deutschen Geschichtsfiktionen. Dort wo die postmoderne amerikanische Kulturindustrie implizit ihre Gemachtheit in einem Geflecht von Anspielungen und intertextuellen Zitaten ausstellt, werden diese Verweise in den deutschen Filmen zum Verschwinden gebracht. Dagegen behaupten sie die ersehnte Unmittelbarkeit. Geschichte soll nicht nur – wie im Gespräch mit der Großmutter oder dem Großvater – unmittelbar ›erfahrbar‹ werden, auch jede künstlerische, selbst kulturindustrielle Vermittlung wird abgewehrt oder verleugnet. Darum wollte der Produzent von *Der Untergang* ›unsere‹ Geschichte nicht ›den Amerikanern‹ überlassen. Die neuen Geschichtsfiktionen sind »Authentizitätsfiktionen«, die gerade dadurch ihre Geschichtsbilder fixieren und die Wahrnehmung der Deutschen als Opfer der Geschichte totalisieren, dass sie behaupten, historisch korrekte Abbilder der Geschichte zu sein (vgl. Weyand 2005). In diesem fetischistischen Rekurs auf Authentizität wird deutlich, wie wenig die deutsche Geschichte als identitätsstiftende funktionieren kann. Doch sie wird gewaltsam in fixe Formen und Schemata gepresst. Deren Index aber sind nicht die Vergangenheit oder die historische Erfahrung, sondern die Wünsche, Projektionen und Bedürfnisse der Gegenwart und deren populärkulturelle Aneignung der Vergangenheit.

So hat der Film *Das Wunder von Bern* einen Referenztext in Rainer Werner Fassbinders *Die Ehe der Maria Braun* (1979). Nahezu identisch ist die Szene vom Beginn von Fassbinders Film, die Suche Maria Brauns nach ihrem im Krieg verschollenen Mann am Bahnhof, in Wortmanns filmischer »Katharsis der Nation« (Sonja Witte) zitiert. Bis hin zur subjektiven Suchbewegung der Handkamera ist die Sequenz in *Das Wunder von Bern* eine Wiederholung von Fassbinders Film. Dieser wiederum war Ende der 1970er Jahre Teil einer gleichzeitig nostalgischen wie gebrochenen Aneignung der Nachkriegszeit für die Generation der Täterkinder. Kein Bild in Fassbinders Film kann als authentisch gelesen werden. Jedes Bild stellt den Bezug zur Gegenwart nahezu exhibitionistisch aus, sei es, indem Referenzen zum Kameramann Michael Ballhaus in der bereits angeführten Szene am Bahnhof sichtbar sind, oder Zigaretten aus den 1970er Jahren in Großaufnahme für jene der 1950er einstehen sollen.[5] Auch das Ende des Films stellt den Zeitkern der 1970er Jahre rückprojiziert in die Gründungsphase der Bundesrepublik aus, wenn der Film mit den Porträts der Bundeskanzler bis zu Helmut Schmidt schließt.[6] Der Sieg der deutschen Nationalmannschaft im WM-Finale von Bern, der Gründungsmythos der westdeutschen Nation, fällt hier zusammen mit der Katastrophe, dem Tod Maria Brauns durch eine Gasexplosion. Verschiedene Zeitebenen, Vergangenheit und Gegenwart, Schuld, Bruch und Kontinuität werden in einem Bild verdichtet. *Das Wunder von Bern* versucht eben dieses Bild zu überschreiben, indem der Film auf Fassbinders Nachkriegstrilogie anspielt und gleichzeitig den Bezug zu ihr leugnet. Hier soll der Mythos selbst wieder zum unschuldigen Bild werden. Gerade darum werden deutsche Alltagsgeschichte und nationale Geschichte zur widerspruchsfreien Einheit zusammengefügt, in der die eine die andere nicht mehr allegorisch reflektiert, wie in *Die Ehe der Maria Braun,* oder die Differenz zwischen beiden sichtbar- und reflektierbar wird, wie in den amerikanischen Superheldenfilmen, sondern gerade die vollständige Identität zwischen Nation und Individuum, vermittelt durch die Familie, zum Gegenstand und Zweck der neuen »Geschichtskunde in Bildern« (Siegfried Kracauer) wird.

Science-History: X-Men und die Wiederkehr der Geschichte

Dort wo das Zitat nicht fetischisiert wird und die Anspielung nicht in der Authentizitätsfiktion verschwindet, kann das zum Stereotyp verdichtete emblematische Bild auch eine andere Perspektive auf die Story ermöglichen, die so einen indexikalischen Verweis auf die Vergangenheit zulässt. Auf diese Weise funktioniert die Struktur der Anspielungen auf den Holocaust in den Comicverfilmungen der *X-Men*-Trilogie. Alle drei Teile variieren die Geschichte einer Gruppe von Mutanten, die als ›fremd‹ und ›andersartig‹ von den ›Normalen‹ verfolgt werden, und deren Reaktion im Spannungsfeld zwischen einem aus dem Humanismus begründeten Assimilationsgedanken und der aus der Verfolgungserfahrung gespeisten militanten Gegenwehr steht. Die beiden Kontrahenten in der Gruppe der Mutanten sind Professor Charles Xavier und Eric Lensherr, alias Magneto. Alle Mutanten sind mit besonderen Kräften ausgestattet, die sie einzigartig machen. Auf diese Weise ist bereits in die Grundstruktur der Filme der Bezug zur Individualität eingeschrieben. Ihre Kräfte jedoch sind wie bei den Superhelden gleichzeitig Potential und Bürde. Sie begründen ihre Andersheit und separieren sie so von ihrer Umwelt. Auch hier spielt der Konflikt zwischen Alltagsmensch und Ausnahmemensch eine zentrale Rolle.

Xavier und Magneto verkörpern die beiden Strategien des Umgangs mit Ausgrenzung und Verfolgung. Beide Figuren sind ambivalent gezeichnet. Auch wenn Xavier eher der positiv besetzte Protagonist und Magneto sein Gegenspieler ist, fungieren beide als zwei sich gegenseitig bedingende Figuren. Als frühere Freunde mit einer gemeinsamen Geschichte und einer implizit durch die Trilogie rekonstruierten aber gleichzeitig nicht explizit erklärten Trennungsgeschichte ist keine der beiden Figuren ohne die andere zu denken.

Die beiden Hauptkonflikte, einerseits zwischen den Mutanten und den Menschen, andererseits zwischen Xavier und Magneto, werden interessanterweise bereits in der ersten Szene der Trilogie an eine auf emblematischen Bildern und Superzeichen des Holocaust basierende Nebenhandlung gekoppelt. Die Eröffnung von *X-Men* (2000) führt die Zuschauer in ein Lager in Polen im Jahr 1944. Man sieht eine Gruppe von Deportierten. Nazis reißen bei der Selektion eine Familie auseinander. Ein Junge schreit nach seiner Mutter. In seiner Angst entwickelt er geheimnisvolle Kräfte, mit denen er das Eisentor des Lagers auseinanderdrückt. Auf diese Weise bekommt die Figur Magneto eine Vorgeschichte, die ihn als Überlebenden des Holocaust ausweist und seine Stigmatisierung als Mutant an die Vernichtungserfahrung anbindet.

Weiter explizit gemacht wird der Bezug zur nationalsozialistischen Vergangenheit jedoch nicht. Vielmehr dient diese Ikonografie, die auf bekannten Schemata beruht, als Indikator eines Interpretationsrahmens. Die Bilder vom Anfang des Films zitieren wiederum die Bilder aus Steven Spielbergs *Schindler's List,* das Lagertor und den Schornstein als »Superzeichen für das geschichtliche Ereignis des nationalsozialistischen Massenmordes« (Köppen 1997: 146).

In den darauffolgenden Teilen finden sich weitere Anspielungen. Die Geschichte der an dem jungen Wolverine vorgenommenen Versuche in X2 (2003), unter anderem wurden dem mit Schnellheilkräften ausgestatteten Mutanten Schwertklingen in die Arme operiert, eröffnen Bezüge zu den Menschenversuchen in Auschwitz.[7] Das militärische Testgelände der Kanadischen Armee wird mit einem unscharfen Fokus auf Stacheldraht eingeführt, einem typischen Bild aus Dokumentarfilmen über Konzentrationslager. Die Figur des Colonel Stryker, der die Operationen leitet, basiert auf dem fiktiven SS-Kriegsverbrecher Baron von Strucker, der in den Comicvorlagen Xaviers israelische Geliebte, eine Überlebende von Dachau, entführt (vgl. Baron 2005: 260).

Dies verweist auf den Zeitkern der Comics und ihre Macher. Jack Kirby und Stan Lee, die Schöpfer der X-Men, waren Kinder von Juden, die vor dem Zweiten Weltkrieg in die USA emigrierten. Kirby erstellte 1941 das erste Titelbild für »Captain America«, eine explizite Anti-Nazi-Figur, auf dem der Superheld Hitler ins Gesicht schlägt. Die X-Men schufen Kirby und Lee 1963 auf der Höhe der amerikanischen Bürgerrechtsbewegung. In den 70er Jahren, als die Erinnerung an den Holocaust zunehmend Teil der amerikanischen Populärkultur wurde, wurde Magneto zu einem Überlebenden des Holocaust. (ebd.)

Wie zentral der Bezug zur Geschichte des Holocaust für die Filme ist, zeigt, dass Magnetos Geschichte im letzten Teil der Trilogie *X-Men: The Last Stand* (2006) wieder aufgenommen wird. Auch hier ist es ein »Superzeichen«, die eintätowierte Nummer in Magnetos Arm, die diesen Bezug herstellt. Doch indem er die Nummer einem jungen Mutanten entgegenhält, stellt er auch seine Erfahrung als Überlebender des Holocaust gegen die Erfahrung des aufbegehrenden Jungen und macht damit deutlich, wie sehr die Erfahrung von Auschwitz den in den *X-Men*-Filmen verhandelten Diskurs über die Möglichkeiten und

Grenzen der Aufklärung und der Toleranz bestimmt. Dadurch entzieht sich die Serie einer Vereindeutigung und knüpft dennoch an die historischen Kämpfe gegen Nazideutschland und für die Rechte der Schwarzen in den USA an. Auf diese Weise bilden die in die »amerikanische Erfahrung« integrierten Bezüge zu Auschwitz, Verfolgung und Flucht, einen zentralen Referenzpunkt für die *X-Men*-Filme. Gerade über das fixierte Zeichen, scheinbar herausgelöst aus dem geschichtlichen Kontext, mit der einzig möglichen Referenz zu seiner kulturindustriellen Vervielfachung, werden so auch ein historischer Erfahrungskern, der in der Geschichte der Comics selbst liegt, und ein auf die Vergangenheit reflektierender Interpretationsrahmen möglich.

Geschichte in Bildern

Gerade im Gegensatz zur Auflösung aller Bezüge, die das Schema fetischisiert und Geschichte zum Verschwinden bringt, wird Geschichtlichkeit denkbar. Indem sie nicht fixiert und nicht authentifiziert wird, bleibt die Geschichte offen. Sie realisiert sich nicht als »so war es«, kann keine Identität fundieren, sondern zeigt sich als in kulturindustriellen Formen eingeschlossene Erfahrung, die aber in diesen gleichzeitig weiterexistiert und durch Interpretation realisiert werden muss. Indem diese Zeichen mit der immer schon ideologischen Referenz auf ›die Geschichte‹ eben gerade nicht die Referenz zu früheren Formen, Schichten, historischen Kontexten und Bedeutungen einebnen, bieten sie die Möglichkeit einer Wiederkehr von Geschichte als Reflexion der Gegenwart. Sie durchbrechen damit das Postulat der Postmoderne, die selbst zur geeigneten Ideologie für das spätkapitalistische nostalgische Bewusstsein geworden ist. »Geschichte zerfällt in Bilder, nicht Geschichten«, erklärt Walter Benjamin seine materialistische Geschichtsphilosophie (Benjamin 1983: 596). Indem sie Bezüge zu Gewesenem herstellen und gleichzeitig Monaden bleiben, entziehen sie sich dem Zwang zur Identität. Auf diese Weise bewahrt die Kulturindustrie vielleicht in ihren erfahrungslosesten Formen das Moment ihrer eigenen Reflexion.

Anmerkungen

1 Amerika als »Symbolort« der Massenkultur ist bereits im Standardisierungsdiskurs der 1920er Jahre ein fester Topos (vgl. Schweinitz 2006: 165).

2 Kracauer war übrigens einer der wenigen, der in den 1920er Jahren eine differenzierte Haltung zur Standardisierung einnahm und darin durchaus auch eine »Stufe im historischen ›Prozess der Entmythologisierung‹« (Schweinitz 2006: 172) sah. Er richtete sich nicht grundsätzlich gegen den Trend zum Genre, sondern sah viel mehr in den stereotypen Elementen den Ansatz, ideologiekritisch die Wünsche und Projektionen der Gesellschaft zu bestimmen.

3 Zur Massenpsychologie und ihrem Verhältnis zum Film vgl. Witte 2007: 216 f.

4 Dies ist im Genre bereits angelegt. Der innere Zwiespalt des Superhelden veräußert sich auch in seinen Gegnern, die selbst maskierte oder verunstaltete Figuren sind. Einige Superhelden wie Batman müssen diese Verbindung zwischen Held und Antiheld abwehren und verleugnen. Darin zeigt sich auch der innere Konflikt des bürgerlichen Subjekts und die Beziehung zur Gesellschaft sowie zum Staat (und dem Recht).

5 Ich danke Till Harning für diese Hinweise. Die meisten der hier zu *Die Ehe der Maria Braun* zusammengefassten Gedanken basieren auf seinen Forschungen und gemeinsamen Diskussionen.

6 Ausgespart bleibt jedoch Willy Brandt, den Fassbinder auf diese Weise aus seiner Kontinuitätslinie explizit ausschließt. Bei aller gesellschaftskritischen Absicht zeigt sich darin auch Fassbinders »Gefesseltsein« an Deutschland, das für viele seiner Filme und Figuren symptomatisch ist.

7 Dieses Motiv steht hier und generell in Comics aber auch in einer antikommunistischen Tradition, der Angst vor dem »neuen Menschen« als soziales, technisches und medizinisches Experiment. Diese Konnotation war vor allem in der Comicreihe und in der TV-Serie von *X-Men* enthalten.

Bibliografie

Adorno, Theodor W. (1997a): Das Schema der Massenkultur. In: ders.: Gesammelte Schriften, Bd. 3, Frankfurt / M., S. 299–335.

Adorno, Theodor W. (1997b): Wissenschaftliche Erfahrungen in Amerika. In: ders.: Gesammelte Schriften, Bd. 10.2, Frankfurt / M, S. 702–738.

Adorno, Theodor W. / Eisler, Hanns: Komposition für den Film. In: Adorno, Theodor W.: Gesammelte Schriften, Bd. 15, Frankfurt / M.

Adorno, Theodor W. / Horkheimer, Max (1997): Dialektik der Aufklärung. In: Adorno, Theodor W.: Gesammelte Schriften, Bd. 3, Frankfurt / M.

Aurich, Rolf u. a. (2001): Fritz Lang, Berlin.

Baron, Lawrence (2005): Projecting the Holocaust into the Present. The Changing Focus of Contemporary Holocaust Cinema, Lanham.

Benjamin, Walter (1983): Das Passagen-Werk. Erster Band, Frankfurt / M.

Claussen, Detlev (2003): Theodor W. Adorno. Ein letztes Genie, Frankfurt / M.

Claussen, Detlev (2004): Der Freund aus Amerika. Theodor W. Adorno und Fritz Lang im Exil und danach. In: Filmgeschichte 19, S. 49–54.

Ebbrecht, Tobias (2007): Familienalbum und Familienroman. Zur Neuschreibung der deutschen Familiengeschichten in filmischen Geschichtsfiktionen über den Nationalsozialismus, in: kittkritik (Hg.): Deutschlandwunder. Wunsch und Wahn in der postnazistischen Kultur, Mainz, S. 180–196.

Ebbrecht, Tobias (2008): Hollywood und die Rückkehr des Politischen. Überlegungen zur Ästhetik und Politik der gegenwärtigen Massenkultur, in: Phase 2, 26 / 2008.

Hesse, Christoph (2006): Filmform und Fetisch, Bielefeld.

Köppen, Manuel (1997): Von Effekten des Authentischen – Schindlers Liste: Film und Holocaust, in: ders. / Klaus R. Scherpe (Hg.): Bilder des Holocaust : Literatur – Film – Bildende Kunst. – Köln [u. a.], S. 145–178.

Kracauer, Siegfried (1963): Film 1928, in: ders.: Das Ornament der Masse, Frankfurt / M.: Suhrkamp, S. 295–310.

Lippmann, Lars (2007): Auftrag im Auge des Sturms. In: kittkritik (Hg.): Deutschlandwunder. Wunsch und Wahn in der postnazistischen Kultur, Mainz, S. 197–213.

Werner, Paul (1985): Film Noir, Frankfurt / M.

Schweinitz, Jörg (2006): Film und Stereotyp. Eine Herausforderung für das Kino und die Filmtheorie. Zur Geschichte eines Mediendiskurses, Berlin.

Seeßlen, Georg / Kling, Bernt (1977): Unterhaltung. Lexikon zur populären Kultur, Reinbek bei Hamburg

Weyand, Jan (2005): So war es! Zur Konstruktion eines nationalen Opfermythos im Spielfilm »Der Untergang«, in: Willi Bischof (Hg.): Filmri:ss. Studien über den Film »Der Untergang«, Münster, S. 39–68.

Witte, Sonja (2007): Das Wunder von Bern. Katharsis der Nation, in: kittkritik (Hg.): Deutschlandwunder. Wunsch und Wahn in der postnazistischen Kultur, Mainz, S. 214–234.

Karin Lederer

»Hoffen? Sie halten doch die Hoffnung für einen menschlichen Fehler, Mr. Spock?« – Dr. McCoy

Vom utopischen Anspruch in der Science Fiction

Die Kulturindustrie produziert und reproduziert falsches Bewusstsein, sie zeichnet sich aus durch Ideologiekonformität[1], Formelhaftigkeit und Schematismus. Die Kulturindustrie erzeugt aber nicht nur falsches Bewusstsein, sondern liefert auch manchmal Alternativwelten, als scheinbar kritisches Beiwerk. *Star Trek* (ST) und dessen Produktionsfirma *Paramount* sind unbestreitbar Teil der Kulturindustrie. Und obwohl die frohe Serienbotschaft seit über 40 Jahren »Humanismus und Aufklärung« lautet, bekennt auch der Erfinder von *Star Trek,* Gene Roddenberry, offen: »The primary purpose of television is not to entertain people or amuse them. The primary purpose is to sell deodorants.« (Klein 1997: 166) Das klingt zunächst nicht besonders utopisch.

Zum Verhältnis von Utopie und Science Fiction

Als erste »Sozialutopie« gilt Thomas Morus' Staatsroman *Nova Insula Utopia* von 1516, in dem ein ideales Gemeinwesen auf einer Insel beschrieben wird. Max Horkheimer definierte Utopie dialektisch: »In der Tat hat die Utopie zwei Seiten; sie ist die Kritik dessen, was ist, und die Darstellung dessen, was sein soll.« (Horkheimer 1968: 186) »Utopie ist Kritik durch Entwurf« (Klein 1997: 169) lautet auch eine gängige Kurzdefinition, worunter allerdings Negative Utopien (um die es mir hier nicht geht) nicht unbedingt zu fassen wären. Marx und Engels sprachen sich gegen einen gewissen Utopietypus aus: Sie wollten den Sozialismus von einer Utopie zu einer Wissenschaft entwickeln – wie auch ein Text von Engels betitelt ist. Im Anschluss an Engels formuliert der Soziologe und Utopieforscher Neusüss: »Je bunter die Bilder von der Zukunft, desto gefangener sind sie im Horizonte ihrer Gegenwart«. (Neusüss 1968: 32) Vieles, was unter Utopie fällt, zeichnet sich eben nicht durch eine Analyse der Gegenwart aus, sondern durch ein der Gegenwart einfach als Kontrast entgegengehaltenes Idealbild. Das ist oft unkritisch, begriffslos und ahistorisch. Marx' Schriften selbst sind nicht als Utopie zu fassen, sondern als wissenschaftliche Kritik. Bezeichnenderweise gibt es bei Marx keine systematischen Entwürfe, maximal Andeutungen darüber, wie es im Kommunismus sein könnte. Adorno schreibt in einer Kritik an Huxleys *Brave New World:* »Die ausgepinselte Utopie, wie sehr auch mit materialistisch-technologischen Elementen versetzt und naturwissenschaftlich korrekt, ist dem Ansatz nach ein Rückfall in die Identitätsphilosophie, den Idealismus.«[2] (Adorno 1977: 120) Die Kritische Theorie hat sich der Analyse des Bestehenden verschrieben, ohne sich zu utopischen Entwürfen hinreißen zu lassen.

»Utopie« war (z. B. im Gegensatz zu »Ideologie«) nie wirklich Kernkategorie einer kritischen Gesellschaftstheorie. »Utopie« war also selten ein analytischer, sondern eher ein klassifizierender Begriff. (vgl. Neusüss 1968: 18) Man muss bei Kritik an Utopien allerdings auf einem wichtigen Unterschied bestehen, um keine Verwechslung aufkommen zu lassen mit Pauschal-Verunglimpfungen von konservativer Seite, die Utopie als »Vorreiter des Kommunismus« sieht und mit einem Totalitarismusvorwurf belegt, der zum Teil eine Ausweitung des Utopiebegriffs auch auf den Nationalsozialismus beinhaltet. Die Verantwortung für den NS soll so auf den Utopiediskurs abgewälzt werden. Konservative Utopiekritik sieht den gesellschaftlichen Status Quo bedroht und will das »Ende der Geschichte« auch als »Ende der Utopien« sehen. Darum soll es im Folgenden nicht gehen.

Ich bin nicht die erste, die sich über das Verhältnis von Utopie und Science Fiction Gedanken macht – dieses ist seit langem umstritten. Schon als der Begriff *Science Fiction* (SF) Anfang des 20. Jahrhunderts auftauchte, sprachen Utopieforscher von »fake utopias«. Ein Zusammenhang von Utopie und Science Fiction wird zuweilen überhaupt bestritten: Die Utopie biete ganzheitliche Antworten und gesamtgesellschaftliche Entwürfe, die SF nur Geschichten; die Science Fiction sei bestenfalls banal, wenn nicht generell reaktionär. Eine beliebte These lautet, SF sei neben und gegen die Utopie entstanden. Laut Pehlke und Lingfeld (1970: vgl. 11 f.) verfolge die Science Fiction keine utopisch-theoretischen Ziele, sondern sei nur didaktisch planend-erzieherisch. Die SF sei maximal die Stieftochter der Utopie, eine »illegitime Erbin« (ebd.: U2) und vielmehr eine Tochter der industriellen Revolution. Pehlke und Lingfeld unterscheiden: »die sozialistischen Utopien verfahren materialistisch (…) die spätbürgerliche Utopie frönt literarisch einem tumben Naturalismus, philosophisch zumeist plumper Ontologie.« (ebd.: 12) Science Fiction, so wird sogar in der Fachzeitschrift »SF Studies« kritisiert, demonstriere den »Schwund dessen, was Marcuse die *utopische Imagination* genannt hat« (Jameson 1982: 153, zit. n. zur Nieden 2003: 20).

Der entscheidende Unterschied zwischen Science Fiction und Utopie besteht in der unterschiedlichen historischen Genese. Utopien entstanden eigentlich bereits in der griechischen Antike (mit Platons *Politeia)* bzw. (je nach Definitionsschwerpunkt) spätestens mit Thomas Morus im 16. Jahrhundert. »Demgegenüber ist die Sciencefiction (…) ein Ausfluß des Wissenschafts- und Technikoptimismus des 19. Jahrhunderts (…)« (Saage 1997: 48). SF ist also ein modernes Phänomen, das erst entstehen konnte, als sich eine gewisse Weltsicht durchgesetzt hatte. Trotzdem gibt es Schnittmengen und trotz aller Abgrenzungsdebatten sind Utopie und Science Fiction auch entstehungsgeschichtlich nicht ganz zu trennen. SF hat sich aus Reise- und Abenteuergeschichten wie *Robinson Crusoe* (1719) oder *Gulliver's Reisen* (1726) entwickelt. Schon im 17. Jahrhundert wurden literarische Reisen zum Mond modern.[3] (vgl. Pringle 1997: 14) »Nicht nur strukturell, sondern auch literatur- und sujethistorisch setzt die Science

Fiction die klassische Reiseliteratur fort.« (Pehlke / Lingfeld 1970: 100) Reise ist dabei nicht nur im engeren Wortsinn als Weg von A nach B oder als Abenteuer zu verstehen, sondern auch als moralische Erfahrung im Sinne des englischen Begriffs »Quest«. Das Reiseziel war – solange es noch viele »weiße Flecken« auf der Landkarte der Erde gab – noch wörtlich gedacht, später firmierte als Destination auch figurativ ein Ort / Zeitpunkt in der Zukunft. Dieser Übergang von der Raumutopie zur Zeitutopie ist ein wichtiger Schnittpunkt von Utopie und Science Fiction. Im 18. Jahrhundert entstanden erste Zukunftssatiren.[4] Wissenschaftliche und pseudowissenschaftliche Entdeckungen, Erfindungen, die rasante technische Entwicklung und der Glaube an die Fortschrittsidee prägten das 19. Jahrhundert und wissenschaftliche Erkenntnisse lösten schon seit längerem religiöse Glaubenskrisen aus. Mark Rose meint, Science Fiction sei zu einem Großteil eine Reaktion auf den kulturellen Schock, der durch das Erkennen der marginalen Position der Menschheit im Kosmos ausgelöst wurde. (vgl. Rose 1981: 37) Auch bei Utopien waren Naturwissenschaft und Technik oft Eckpfeiler der Gesellschaftsentwürfe, aber nicht so sehr die Technik selbst interessierte, sondern ihre gesellschaftliche Rolle. Science Fiction (vor allem solche, die das S in SF zu sehr betont) geht es in erster Linie um das WIE. Die Entpolitisierung hochpolitischer Sachverhalte erfolgt dabei ganz im Stil der Kulturindustrie: »Vor der Gefahr des selbständigen Denkens nach Feierabend liegt allemal die Barriere naturwissenschaftlicher Faselei.« (Pehlke / Lingfeld 1970: 81)

Warum die Science Fiction mit Fragen wie »Ist die Technik Fluch oder Segen?« den eigentlichen Punkt verfehlt, beschreiben neuerlich treffend Pehlke und Lingfeld: Science Fiction »bedient sich freigiebig obskurer Technik-Metaphysik, die jeden Zusammenhang zwischen naturwissenschaftlich-technischen Innovationen und der Gesellschaft, gar der Ökonomie, leugnet.« (ebd.: 47)

Die Science Fiction hat sich auch aus anderen Genres, besonders aus dem Western-Genre großzügig an Konventionen bedient. Manchmal sind einzelne Werke nur deshalb der SF zuzuordnen, weil sie auf fremden Planeten in einer fernen Zukunft spielen, ansonsten weisen sie sämtliche Motive und Konventionen des Westerns auf.[5] Wenn es in der Science Fiction um die Eroberung des Kosmos geht, folgen die Geschichten (vor allem der frühen Science Fiction) meist dem »Go-West-Mythos« oder »Frontier-Mythos«. Der erste Boom solcher Planeten-Romane fand zeitgleich mit dem Ende der historischen »Frontier« statt. »In der amerikanischen Geschichte bezeichnet der ›Frontier‹ in erster Linie den geographischen Raum der bis 1890 fortschreitenden Westexpansion, also das Grenzgebiet zwischen ›Zivilisation‹ und ›Wildnis‹. Dieses hat es in dieser Form in Europa nie gegeben – es ist ein einmaliges amerikanisches Phänomen.« (Steinrötter 2004: 41) Für die Frontiersmen war dies auch ihr »Pursuit of Happiness«. »Unter Präsident Andrew Jackson wurde dann auch der ›Geist der Frontier‹ zur offiziellen Politik erklärt. Deren Grundprinzipien waren der Individualismus, die Egalität und der Fortschritt.« (ebd.: 42) »Frontier«-Mythos bedeutet mehr als im wörtlichen Sinn, die unbekannte Grenze zu überschreiten und »westwärts zu gehen«. »Als sich Ende des 19. Jahrhunderts die Siedlungsgrenze endgültig schließt und kein freies, unbesiedeltes Land mehr zur Verfügung steht, verwandelt sich die Frontier in eine metaphorische Idee, und alles, was jenseits dieser Grenze liegt, wird zu einem mythischen Raum, einer imaginären Topographie, die zeitlose utopische Ideale beheimatet.« (Maier 1996: 15) Graaf assoziiert mit der Frontier-Idee »Fortschritt, Zukunftsgläubigkeit und Optimismus« (Graaf 1971: 90), während die Beschreibung bei Bernardi wesentlich kritischer ausfällt: »This myth has been used to defend such diverse practices as slavery, imperialism, segregation, and military and economic interventionism. Ultimately legitimizing and advocating a white-dominated hemisphere, the hegemony of this myth is largely due to its political flexibility and binary simplicity.« (Bernardi 1998: 78)

Als das erste tatsächliche Werk der Science Fiction gilt im Allgemeinen Mary Shelley's *Frankenstein* (1818). Jules Verne mit seinem *Voyage au Centre de la Terre* (1864) und H. G. Wells werden ebenfalls gerne als »Gründungsväter« des Genres genannt. »Wells geht es«, laut Utopieforscher Saage, »(...) nicht darum, die politische Utopie durch Science-fiction zu ersetzen; vielmehr will er sie modernisieren (...).« (Saage 1997: 53 f.) In den 20er Jahren des 20. Jahrhunderts begann eine neue Ära, billige *Pulp*-Heftchen wie *Amazing Stories* und *Astounding Stories* leiteten die massenhafte Verbreitung von SF-Geschichten ein. Der Begriff »SF« war somit als Etikett zur besseren kommerziellen

Verwertung des Produkts geboren und wurde erst von da an für diese Art von Geschichten verwendet. Die bis heute anhaltende Identitätskrise des Genres hat eine äußerst unterhaltsame Definitionsdebatte hervorgebracht. Das Selbstbild erinnert zuweilen an eine Heilslehre, die mit Inbrunst verkündet wird. SF-AutorInnen sehen sich oft als »Wächter und Warner der Gesellschaft« – das sagen sie natürlich aus Überzeugung und nicht als umsatzsteigernde Eigenwerbung. Dabei taucht laut Gerd Hallenberger (der Untersuchungen zum Politischen in der Science Fiction gemacht hat) schon ein Problem auf: Ein literarisches Genre, das angeblich von so hehren Motiven wie der Sorge um die Zukunft geleitet wird, bestehe zum Großteil aus bestenfalls banalen Texten. (vgl. Hallenberger 1986) Laut Pehlke und Lingfeld gehört das »Mobiliar der Science-Fiction-Welt (…) der Zukunft an, ihre Menschen der Gegenwart, ihre Gesetze der Vergangenheit.« (Pehlke / Lingfeld 1970: o. A.) Bei der Kritik an der Science Fiction geht es mir allerdings nicht um die Bewertung von ästhetischen Kategorien. Eine Dichotomie von Kunst und Kitsch, Hochwertigkeit und Trivialität ist nicht der Punkt.

Science Fiction ist jedenfalls ein vielfältiges Genre mit zahlreichen inneren Widersprüchen. Ursula LeGuin zählt genauso dazu wie Flash Gordon. Gerade diese Inhomogenität ist ein wesentliches Genremerkmal. SF hat dennoch bestimmte Konventionen, wobei konventionellere und innovativere Werke nebeneinander stehen. Es gäbe in der Science Fiction nur eine »sehr beschränkte Anzahl von Requisiten: Raketenschiffe, Telepathie, Roboter, Zeitreise, fremde Dimensionen, riesige Maschinenanlagen, Außerirdische, Sternenkriege« (Aldiss / Wingrove 1990: 430), heißt es in einer SF-Anthologie. Die Kulturindustrie reproduziert eben das Immergleiche. Horkheimer und Adorno schreiben: »Es ist, als hätte eine allgegenwärtige Instanz das Material gesichtet und den maßgebenden Katalog der kulturellen Güter aufgestellt, der die lieferbaren Serien bündig aufführt.« (Horkheimer / Adorno 2006: 145) Der Schematismus bleibt auch in der Science Fiction der »erste Dienst am Kunden« (ebd.: 132). Jede Kunstform und auch jedes Produkt der Kulturindustrie ist unweigerlich ihrer Entstehungszeit verhaftet. Fiktive Geschichten betreiben, ob sie wollen oder nicht, eine Extrapolation des Jetzt. Gerade für die Science Fiction ist dabei politische Kommentierung nicht nur eine Möglichkeit, sondern ein Strukturelement, stellt Hallenberger fest. (vgl. 1986) Das macht auch für viele Fans die Faszination aus. Aber in vielen Geschichten wird versucht, die politische Seite auszublenden, wie Hallenberger in seiner Untersuchung feststellt: »Wenn in SF schon einmal von utopischen Zuständen die Rede ist, sind politische Zustände gerade nicht gemeint, die hier allenfalls zum farbenprächtigen Ornament taugen; gefragt ist statt dessen ein elektrifiziertes Schlaraffenland mit regem Wissenschaftsbetrieb.« (ebd.: 293)

Seit Anfang der 60er Jahre versuchte Gene Roddenberry verschiedenen Fernsehstationen eine TV-Serie zu verkaufen. Anfangs war diese als Abenteuer auf einem Luftfahrtschiff im 19. Jahrhundert, das in ferne Länder reist, konzipiert. Die Affinität zum 19. Jahrhundert zeigt sich später in *Star Trek* übrigens nicht nur durch Figuren und Charaktere, auf die Bezug genommen wird, sondern in der humanistischen Perspektive dieser Zeit, die sich durch Rationalismus, Vertrauen in den Fortschritt und ein aufklärerisches Erziehungsideal auszeichnet. Nach mehreren Absagen wurde der (zweite) *Star-Trek*-Pilotfilm *Where No Man Has Gone Before* schließlich am 8.9.1966 ausgestrahlt. Das im Vorspann deklarierte »mission statement« gehört mittlerweile zu den bekanntesten Sätzen der US-Geschichte: »Space ... the final frontier. These are the voyages of the starship enterprise. Its five year mission: to explore strange new worlds, to seek out new life and civilizations, to boldly go where no man has gone before ...«[6] Fast genauso bekannt und oft kopiert ist die »Vereinigte Föderation der Planeten« mit ihrem militärischen Arm, der »Sternenflotte«, die sich eigentlich streng an die »Erste Direktive« der Nichteinmischung zu halten hat. *Star Trek* hat Ikonen geschaffen und den Wortschatz nicht nur der amerikanischen Populärkultur erweitert (Phaser, Beamen). Die Originalserie verfuhr drei Jahre lang nach dem bekannten Schema »Getting into trouble and out again«.

Ungefähr 20 Jahre nach *Star Trek: The Original Series*

(ST:TOS) und ein Jahr nach dem Rückschlag für die reale Raumfahrt durch das Challenger-Unglück kam eine neue ST-Serie ins Fernsehen. Ein neues Raumschiff Enterprise startete 1987 mit einer »nächsten Generation« an Bord in die unendlichen Weiten des *Star-Trek*-Weltraums. In der fiktionalen Zeitlinie waren die Geschichten 70 bis 80 Jahre nach der vorigen im selben Setting angesetzt, eine Binnenkohärenz zwischen den Serien wurde herzustellen versucht. Das mission statement wurde entsprechend dem Zeitgeist gegendered – nun flog die neue Crew »where no one has gone before«. Der neue Captain heißt Jean-Luc Picard, ist Franzose und in erster Linie Diplomat. Wenn Kirk eine Mischung aus John Wayne und JFK war, ist Picard eine Mischung aus Jacques Cousteau und dem Dalai Lama, schreibt Jeff Greenwald. (vgl. Greenwald 1998: 30)

Noch während die *Next Generation* (ST:TNG) fortgesetzt wurde, startete *Paramount* 1993 einen weiteren Ableger, der auf einer Raumstation spielt: *Star Trek: Deep Space Nine* (ST:DS9). Die Serie lief sieben Staffeln lang von 1993 bis 1999. Wieder wurde versucht, den Star-Trek-Kanon kohärent zu halten. Bei der Kreation und Besetzung der Hauptrollen waren die ProduzentInnen darauf bedacht, ein noch nie da gewesenes »Völkergemisch« konfliktreich interagieren zu lassen. Commander/Captain Benjamin Sisko ist die erste Schwarze Hauptfigur des ST-Kanons. Viele Fans kritisierten die Tendenz zu Gewalt, Konflikten und Krieg dieser teilweise als »Star Trek Lite« (Marinaccio 1994: 124) verspotteten Serie. ST:DS9 ist sicherlich die ambivalenteste aller ST-Serien, einschließlich der späteren, und muss wohl als »postmodern« bezeichnet werden.

Paramount startete gegen Ende von ST:DS9 im eigenen Netzwerk UPN für sieben Staffeln (1996–2001) bereits die nächste Ableger-Serie: *Raumschiff Voyager* (ST:VOY). »Susan de Gaia (1998) stellt für die Voyager-Folgen eine grundlegende ›Verweiblichung‹[7] des *Star-Trek*-frontier-Mythos fest. Statt in die unendlichen Weiten auszufliegen, wie es die Captains Kirk und Picard taten, will Captain Kathryn Janeway vor allem eines: ihre Crew heil nach Hause, zurück zu Mutter Erde bringen.« (zur Nieden 2003: 38 f.) Janeway wird dabei charakterisiert als Führungspersönlichkeit mit Technikverständnis, aber gleichzeitig sehr mütterlich.

Star Trek: Enterprise (ST:ENT) schließlich – ein Prequel – spielt 100 Jahre vor Kirk & Spock, vor Gründung der Föderation. Captain Archer befehligt das erste Raumschiff, das den Namen Enterprise trägt. Ihm zur Seite steht eine hübsche vulkanische Wissenschaftsoffizierin, ansonsten fast nur Menschen, ebenfalls recht »multikulturell« gecastet. Diese bisher letzte *Star-Trek*-Serie lief 2001–2005 und wurde wegen Erfolglosigkeit nach vier Staffeln abgesetzt. Derzeit werden die verschiedenen *Star-Trek*-Produktionen weltweit wöchentlich ca. 300 Mal in 50 Ländern und 40 Sprachen gezeigt. (vgl. Farkas 1993) In der dazugehörigen Filmreihe traten bis zum sechsten Film Kirk & Co auf, dann kam ein generationenübergreifender Film, und anschließend übernahm Picards Mannschaft das Steuer. 2009 sind in einem neuen *Star-Trek*-Film die

Abenteuer der jungen Herren Kirk und Spock auf der Sternenflottenakademie zu sehen.

Die Philosophie von Star Trek: Gene Roddenberry

All diesen Produkten gemeinsam ist das Label »Star Trek – created by Gene Roddenberry«. Dieser war im 2. Weltkrieg Pilot in der US Air Force, später bei PAN AM. Ab 1948 finanzierte er sich durch einen Job als Polizist den Traum, nebenbei Drehbücher für Polizeiserien zu schreiben. *Star Trek* ist natürlich nicht von Roddenberry allein geschaffen worden, sondern das Produkt vieler Menschen. Der Erfinder von *Star Trek* ist aber auch die personifizierte Philosophie dieser Serie. Er entwarf nicht nur ST:TOS in den 60er Jahren, sondern war auch maßgeblich an ST:TNG beteiligt. Roddenberry starb 1991, war aber auch noch am Entwurf von *Deep Space Nine* (ST:DS9) beteiligt. In der Selbstdarstellung aller Beteiligten, von Roddenberry über die Studios bis zu den SchauspielerInnen, wird immer wieder betont, dass *Star Trek* mehr ist als nur irgendeine weitere TV-Serie. Seine Kritik an den USA der 60er Jahre (Vietnam, Rassismus, McCarthy) versuchte Roddenberry laut eigenen Angaben in Parabeln zu verpacken. Seitdem will *Star Trek* etwas aussagen, etwas bewegen, etwas verändern. Die »humanistische Philosophie ihrer Schöpfer« (Reeves-Stevens 1997: 15) geht optimistisch davon aus, dass es in hunderten von Jahren noch Menschen geben wird, die es noch dazu geschafft haben, den Weltraum zu erforschen und zu besiedeln. Wie wird dieses fiktive Stadium des Friedens und der gegenseitigen Toleranz laut *Star Trek* erreicht? Durch die Weiterentwicklung der unreifen Spezies Mensch. Dazu bedarf es keines radikalen Umsturzes, der Mensch müsse lediglich seine Fehler erkennen und ein wenig umdenken. Star Trek geht implizit davon aus, dass die Menschheit sich auf dem richtigen Weg befinde, der nur reformiert werden müsse. In *Star Trek* gelangt man durch die Evolution von Maschine und Moral zur Utopie.

Diese Philosophie wird von vielen hochgejubelt, von anderen negativ und kritisch bewertet. Einerseits werden ihr utopische Qualitäten attestiert: *Star Trek* sei internationalistisch, gar eine sozialistische Utopie – die Enterprise hätte ihren »Heimathafen« eventuell in der DDR, meinen sogar manche. (Steinmüller 1997) Auf der anderen Seite finden sich vor allem in US-amerikanischen akademischen Kreisen die Vorwürfe, *Star Trek* sei ein »neokonservativer Diskurs« und propagiere in aggressiver Weise den »American Way of Life« und alles, was angeblich dazu gehört: Kolonialismus, Sexismus, Rassismus, Kapitalismus, kurz: alles von Darwinismus bis zu Militarismus. (vgl. Tulloch/Jenkins 1995:27) Ob *Star Trek* Utopie ist oder nicht, ist eine beliebte Fragestellung in der Sekundärliteratur. Für manche ist schon die Frage nach der Utopie fragwürdig und abzulehnen (vgl. Hickethier 1997:136). Eine solche Argumentation lautet etwa: »Die Kohärenz des Erzählkosmos stiftet noch keine Utopie (...) Das Ambiente der Zukunft ist nicht mehr als eine bloße Kulisse (...) Der diffuse Gestus von Utopie in dieser Serie hält schon einfachen Nachfragen nicht stand (...) Wer deshalb vom angeblichen Utopiegehalt von *Star Trek* spricht, fällt nur auf die Verkaufsversprechen der Medienindustrie herein, nimmt die Warenästhetik für ein Welterklärungsmodell.« (ebd.: 138) Andere wiederum kommen ins Schwärmen: »Das Raumschiff-Märchen ist Edel-Science-Fiction, die die Utopien von Thomas Morus oder Karl Marx [sic!] ins Phantastische weiterspinnt und sich dabei über sich selbst kaputtlacht«. (Dinklage 1998: 104) Ein Sammelband mit Aufsätzen zum Thema »Star Trek zwischen Unterhaltung und Utopie« (Hellmann / Klein 1997) zählt zur Frage »Warum Star Trek Utopie ist« einige formale Punkte auf:

- Idealtypisches Gemeinwesen (so wie in Thomas Morus' Utopia)
- Die Serie ist von Vernunft, nicht von Religion bestimmt
- Es gilt das Toleranzprinzip
- Die Abschaffung von Privateigentum wird als ein Punkt genannt
- Innere und äußere Stabilität ist gegeben
- Es geht um uneingeschränktes Lernen (um das Streben nach Humanität)

Aber, so resümiert der Sammelband: generell seien die Kriterien nicht durchgehalten, weil man zu sehr in den eigenen Denkmustern verhaftet bleibt (lt. Hellmann / Klein 1997). *Star Trek* stoße an die Grenzen der Aufklärung.

Das Bemühen, anders zu sein als zeitgenössische Serien, wird jedenfalls meist anerkannt, denn viele setzten tatsächlich ihre Hoffnungen in die langsame (reformistische) Abkehr vom »white men in space«-Muster. Beispielsweise erzählte *Uhura*-Darstellerin Nichelle Nichols nach einem Treffen mit Martin Luther King, dass »sich Dr. King darüber im klaren (war), daß ihre Anwesenheit auf der Kommandobrücke der Enterprise sehr wohl von Bedeutung für den afro-amerikanischen Befreiungskampf gewesen ist«. (zit. n. Gilroy 1998: 39) Nichols wollte die Rolle der Uhura schon aufgeben, weil sie nie besonders viel zu sagen hatte, aber die Begegnung mit King – der sich bei der Gelegenheit als *Star-Trek*-Fan geoutet hatte – hat sie überzeugt, dabeizubleiben. (vgl. Farkas 1993) Wie viel sie und andere durch ihre Rollen tatsächlich bewirkt haben, lässt sich schwer feststellen. Nichols half nach Beendigung der Serie der NASA mit einer Werbekampagne, Schwarze Frauen und Minderheiten für Raumfahrtprogramme zu gewinnen. (vgl. Helford 1992: 174) Die Schwarze Astronautin Mae Jemison (die einzige tatsächliche Astronautin, die auch eine Nebenrolle in *Star Trek* spielen durfte) nannte Uhura (in einer TV-Show über *Star Trek)* als Vorbild für ihre Berufswahl. (vgl. zur Nieden 2003: 33; vgl. auch Greenwald 1998: 221) Auch für Whoopie Goldberg war Uhura ein Vorbild und Grund, von sich aus eine Rolle in ST:TNG anzustreben.

Star Trek fasziniert viele Menschen. Eine Umfrage in

den 90er Jahren hat ergeben, dass sich 53 % aller US-BürgerInnen als ST-Fans deklarieren. (Harrison 1996: 260; vgl. auch Tulloch / Jenkins 1995: 4)

Man hat es also hier – auch weltweit – mit einer äußerst heterogenen Gruppe von Menschen zu tun. *Star Trek* ist für viele eine Parallelwelt bzw. ein Paralleluniversum, in das man sich einklinken kann und das man zu seiner eigenen Lebenswelt machen kann. Fernsehen als Ritual mit fast liturgischem Charakter kann Geborgenheit stiften. Für *Star-Trek*-Fans ist das kulturindustrielle Produkt aber auch Anleitung für eine bessere Welt, Aufruf zur Missionierung. »Richtige« TrekkerInnen treffen sich (mindestens) einmal jährlich auf sogenannten »Conventions«, weltweit veranstalteten Treffen Gleichgesinnter. Bei diesen Gelegenheiten wird (meist in Starfleet-Uniform oder als Lieblings-Alien verkleidet) über verschiedene Aspekte von *Star Trek* diskutiert, oft sind Gaststars eingeladen. »Im Laufe der Zeit avancierten diese »Treffen« zu regelrechten »Messen«, auf denen Fans fast alles auf einer nach oben offenen Produktpalette erwerben können«. (Schlegel 1998: 11) Das kulturindustrielle Unterhaltungssystem *Star Trek* betreibt »Devotionalienhandel« (Hellmann / Klein 1997: 7), die Vermarktung, das Merchandising, gleiche selbst einem »Paralleluniversum«, das »protoreligiöse Züge« (ebd.) trage. Sehr schön parodiert worden ist das ausufernde Fandom im Film »Galaxy Quest«. Den größtmöglichen Affront leistete sich Kirk-Darsteller William Shatner in »Saturday Night Live«, als er den Fans, die offensichtlich viel Zeit und auch Geld in die Beschäftigung mit *Star Trek* investieren, den Rat gab: »Get a life!« Das muss die Fans tatsächlich schwer beleidigt haben, denn viele betonen immer wieder, dass sie eben nicht nur Fans irgendeiner Fernsehserie sind, sondern auch nach der *Star-Trek*-Philosophie leben. Die Fanclubs organisieren Wohltätigkeitsveranstaltungen, übersetzen Shakespeare und die Bibel ins Klingonische, sammeln Spendengelder für die Dritte Welt und träumen von einem besseren 24. Jahrhundert.

Zu den Fans der Serie zählen neben dem vorhin schon erwähnten Martin Luther King übrigens auch der Dalai Lama (seine Mönche haben einmal das Set besucht), Stephen Hawking, Colin Powell und Madeleine Albright, die in einer Rede vor der UNO 1995 (als UNO-Botschafterin der USA) zum Thema UNO, NATO & Krisenmanagement die Philosophie von *Star Trek* als mögliches Vorbild zur Konfliktbewältigung erwähnte. (http://findarticles.com/p/articles/mi_m1584/is_n18_v7/ai_18496879) Natürlich gibt es neben prominenten Begeisterten und den sogenannten »Nerds«, die anscheinend jeden Bezug zur Realität verloren haben, auch »kritische« Fans. Auch die KritikerInnen werden allerdings – ob gewollt oder nicht – Teil des *Star-Trek*-Kosmos. Für diese besteht der Lustgewinn dann etwa darin, die Stereotypien, Rassismen, Sexismen etc. zu entlarven (vgl. zur Nieden 2003: 8) oder darin, bestimmte Zitate wiederzuerkennen, denn bildungsbürgerlich betrachtet ist *Star Trek* voll von Referenzen auf Klassiker, auf andere Science Fiction oder Rückbezüge auf den *Star-Trek*-Kanon.

Science Fiction affirmiert im Allgemeinen oft das Bestehende. »Kapitalismus, so verkündet Science Fiction, sei sozusagen die gesellschaftliche Form der menschlichen Natur, an der nun einmal nicht zu rütteln sei.« (Pehlke/Lingfeld 1970: 66) Ohne explizit darauf hinzuweisen, übernimmt ein Großteil der SF stillschweigend das Konzept der bürgerlich-kapitalistischen Gesellschaft. Trotz der unbegrenzten Möglichkeiten, welche die Science Fiction hier strukturell bietet, bleiben die meisten AutorInnen stillschweigend dem eigenen System verhaftet. »Kapitalistische Produktionsverhältnisse, Fabrikarbeit und Proletariat, werden jedoch stets dezent ausgeklammert.« (ebd.: 65)

Das Wirtschaftssystem ist auch bei *Star Trek* zunächst völlig ausgeblendet: es wird nicht bezahlt, es wird nicht über Löhne gesprochen, nicht über Arbeitsbedingungen, Gewerkschaften oder Klassenunterschiede, nur manchmal über Urlaub. Je länger und ausführlicher das fiktive Universum beschrieben wird, desto mehr Hinweise werden darauf gegeben, wie die Welt der *Föderation* vergesellschaftet ist. Hinweise auf Handel mit anderen Planeten gibt es bereits in ST:TOS. In einem autorisierten Buch über die Geschichte der *Föderation* ist von der Einführung einer »gemeinschaftliche(n) Währung des Föderationscredits« (Johnson 1996: 12) die Rede, die im TV- und Film-Kanon jedoch meines Wissens nie erwähnt wird. Im vierten *Star-Trek*-Film *The Voyage Home / Zurück in die Gegenwart* machen einige Enterprise-Crewmitglieder einen Abstecher auf die Erde des 20. Jahrhunderts. Captain Kirk gibt als Erstes den Befehl aus: »Hier benutzt man noch Geld. Wir müssen uns welches besorgen.« Nur aus solchen Implikationen erschließen sich langsam die ökonomischen Umrisse der zukünftigen Gesellschaft. Es gibt also schon zu Kirks Zeiten (23. Jh.) kein Geld mehr. Geld wurde als Wurzel allen kapitalistischen Übels einfach abgeschafft. (Ob es durch »Föderationscredits« ersetzt wurde, bleibt offen.) Wer eine »verkürzte Kapitalismuskritik« betreibt, konnte zu diesem Zeitpunkt (also in den 80er Jahren des 20. Jahrhunderts) noch die Hoffnung haben, dass *Star Trek* anders ist, als viele der Science-Fiction-Geschichten, die stillschweigend den Kapitalismus in die Zukunft projizieren.

Diese Hoffnung wurde auch Ende der 80er Jahre in ST:TNG anfangs noch genährt, obwohl das Raumschiff wieder *Enterprise* heißt – was laut dem *Star-Trek*-Kritiker Collins kein Zufall ist: Schon der Name »Enterprise« (was im Englischen sowohl Unternehmung als auch Unternehmen heißen kann) weise auf eine ideologische Resonanz mit der Integrität von liberalen und kapitalistischen Werten hin. (Collins 1996: 141) In der frühen ST:TNG-Folge 126 *(The Neutral Zone)* schwärmt Captain Picard jedenfalls von fast kommunistisch anmutenden Zuständen: »A lot has changed in the past 300 years. People are no longer obsessed with the accumulation of things. We've eliminated hunger, want, the need for possessions. We've grown out of our infancy … The challenge is to improve yourself, to enrich yourself.« Dennoch pokern die Enterprise-FührungsoffizierInnen um »Rationen«, auch wenn sie in der Schiffsbar *10 Vorne* nichts für ihre Drinks bezahlen und aus ihren »Replikatoren« scheinbar unbegrenzt Nahrung und Gebrauchsgegenstände beziehen können. Es scheint noch mehr massive Widersprüche im System zu geben – einerseits gilt die alleinige Motivation, sich selbst zu verwirklichen, andererseits scheinen nicht alle zu ihren Traumberufen gefunden zu haben. Einerseits leben auf der Erde alle ohne Klassenunterschiede im Wohlstand, andererseits gibt es immer noch Hierarchien und Machtverhältnisse, die sich nicht nur an Berufen festmachen. Einerseits werden keine Zollbehörden erwähnt, andererseits gibt es Schmuggel. Einerseits gibt es angeblich kein Geld, andererseits sind Ressourcen nicht immer und für alle frei zugänglich – auch wenn keine Knappheitsprobleme bestehen. Die Beziehungen der *Föderation* zu anderen Außerirdischen sind ebenfalls nicht unbedingt durch bedingungsloses Teilen von Ressourcen gekennzeichnet. Es wird in solchen Fällen stattdessen (Tausch-) Handel betrieben. Vor allem die *Ferengi* werden mit Handel assoziiert; ihnen wird der Kapitalismus als solcher in die Schuhe geschoben. Zum Teil mutet das an wie ein sogenannter Distributionssozialismus, die Idee einer befreiten Gesellschaft, deren Strukturen bereits vorrevolutionär gegeben sind und wo es nur auf eine gerechtere Verteilung von Gütern ankommt. Abgesehen davon, dass von Marx nicht in erster Linie die Distribution kritisiert wurde, sondern die (Art der) Produktion, ist in *Star Trek* auch dieses Modell nicht wirklich durchgängig.

In ST:DS9 wird Picard, der im Film *First Contact* seine Versicherung, dass der Kapitalismus passé sei, nochmals mit Nachdruck wiederholt, eindeutig Lügen gestraft. Auf der von der Föderation verwalteten Raumstation Deep Space 9 gibt es erstmals eine Einkaufspromenade, in der die – von der Notwendigkeit Eigentum anzuhäufen angeblich befreiten – Menschen wie alle anderen Aliens wieder zu KundInnen werden, die auch bezahlen müssen. Hinsichtlich der Währung wird meist von (gold-gepresstem) Latinum gesprochen. Dieses fiktive »Latinum« entspricht einer Frühform des Geldes, als Zahlungsmittel einen Wert nicht nur (durch staatliche Aufsicht garantiert) repräsentierten, sondern tatsächlich noch selbst einen materiellen Gebrauchswert hatten. (vgl. zur Nieden 2003: 48) Es drängen sich nun einige Fragen auf: Wie können Restaurants auf dem »Promenadendeck« Geschäft machen, wenn Nahrungs-Replikatoren für alle gratis zur Verfügung stehen? Wie funktioniert ein geldloses System überhaupt, wenn im selben Bezugsrahmen sehr wohl Marktwirtschaft praktiziert wird? Auf der Raumstation gibt es so viele Fälle von Diebstahl und Schmuggel, dass sie in einem täglichen Bericht mehrere Seiten füllen. Auf der einen Seite stehen in ST:DS9 nach wie vor die Beteuerungen, dass Menschen ihr Zusammenleben nicht mehr kapitalistisch organisieren. Auf der anderen Seite wirft Captain Sisko schon mal eine Lokalrunde im Quark's – von welchem Geld / Latinum? Er erzählt auch einmal eine kleine Geschichte, nach der er alle seine »Transporterkredite« auf der Erde innerhalb kürzester Zeit aufgebraucht habe.

Das Beamen ist also auch nicht ganz gratis. Dr. Bashir behandelt seine PatientInnen scheinbar kostenlos, und auch Ingenieur O'Brien repariert gratis. Bargeldlose Abrechnung und/oder Bezahlung zu einem späteren Zeitpunkt können aber nicht ausgeschlossen werden.

In Quark's Bar beschweren sich die Angestellten in einer Folge von ST:DS9 über schlechte Arbeitsbedingungen und Lohnkürzungen. Schließlich gründen sie sogar eine Gewerkschaft und streiken. Als sich der Ferengi-Streikführer *Rom* Tipps bei Chief O'Brien holt, spricht dieser aus einer nostalgisch-historischen Perspektive von den »Unions«, bei denen seine irischen Vorfahren gekämpft haben. Das impliziert, dass die Menschheit (oder zumindest die Föderations-»Angestellten«) das zu dieser Zeit nicht mehr nötig hat. Die Föderation, die die Raumstation verwaltet und normalerweise pingelig auf alles achtet, was hier passiert und sanktioniert, was ihrer Moral widerspricht, ignoriert jedenfalls die schlechten Arbeitsbedingungen der Angestellten von Quark. Andere Aliens werden in ST:DS9 ebenfalls in die Rolle gedrängt, sich am System zu beteiligen: Auch KlingonInnen, denen Ehre eigentlich wichtiger sein müsste als schnödes Geld, sind scheinbar gezwungen, ihren »Blutwein« (bei den Ferengi) zu kaufen oder Folklore-Restaurants zu eröffnen. Sogar weit entfernte Aliens im Gamma-Quadranten benutzen nicht nur fantasielos gestylte Messer und Gabeln, sondern haben auch das kapitalistische System verinnerlicht. »Der bürgerliche Zwangscharakter gilt offenbar ahistorisch so sehr als Wesen des Menschen, daß die *Star-Trek*-Macher sich auch für die Zukunft gar nichts Schöneres wünschen können.« (ebd.: 47) Andrea zur Nieden schreibt in ihrem interessanten Buch über *Star Trek*, Kulturindustrie und die Borg: »Wie mit der Konstituierung der Menschenrechte in der Aufklärung historisch spezifische ökonomische Verkehrsformen als Naturrecht gesetzt wurden, so erhebt Star Trek diese Formen zum Maßstab der kosmischen Gesellschaft insgesamt.« (ebd.: 50) Und weiter: »Freiheit, Gleichheit und individuelles Selbstbewußtsein des Menschen resultieren jedoch aus der bürgerlichen Rechtssubjektivität, die die wechselseitige Anerkennung der Privateigentümer als Subjekte gleicher Rechte und Pflichten garantiert.« (ebd.: 51) Somit ist allein mit der Abschaffung von Geld (und der Einführung von Ersatzwährungen) noch nichts gewonnen und die von den *Star-Trek*-MacherInnen intendierte »Kapitalismuskritik« bleibt nicht nur »verkürzt«, sondern völlig fehlgeschlagen. *Star Trek* halluziniert sich einen Kapitalismus ohne Kapital und verfängt sich dabei zwangsläufig in immer größer werdenden Widersprüchen.

Star Trek: Religion

Science Fiction handelt eher von Dingen, die immer noch theoretisch möglich sind (auch wenn sie ins »Fantastische« extrapoliert), während Fantasy tendenziell den Naturgesetzen widerspricht. Fantasy bietet in der Regel keine wissenschaftliche Erklärung für Geschehnisse an. Die beiden Genres sind einander trotzdem durchaus nahe, was besonders beim Thema Religion in der Science Fiction auffällt: Nicht nur das häufige Auftreten von Aliens als Göttern oder gottähnlichen Wesen, sondern auch die oft vermittelten spirituellen Botschaften weisen auf die Affinität des Genres zur Religion bzw. auf die Fixiertheit im Hier und Jetzt hin. Diese Tendenz steht im Widerspruch zum Anspruch des Genres auf Wissenschaftlichkeit und Aufklärung.

Star-Trek-Erfinder Gene Roddenberry war – wie es sich für einen anständigen liberalen Humanisten gehört – ein Agnostiker. Er mochte die Heuchelei und Widersprüchlichkeit von Religionen nicht, vor allem organisierte Religiosität schreckte ihn ab. (vgl. Mackenzie Pearson 1999: 14 f.) Bei *Star Trek* musste er sich nach eigenen Angaben aber zurückhalten, um die religiösen Gefühle der Fans (und – möglicherweise noch wichtiger – der ProduzentInnen) nicht zu verletzen. *Star Trek* ist dennoch zunächst tendenziell nicht-religiös, wenn nicht anti-religiös. Religion gehört (neben Rassismus, Kapitalismus, Krieg und Fernsehen) angeblich zu den Dingen, die im aufgeklärten Zeitalter von *Star Trek* der Vergangenheit angehören. Real existierende Religionen werden jedenfalls nicht erwähnt. In der ersten regulären Folge der Original-Serie mit dem Titel *The Man Trap* lässt Roddenberry Captain Kirk schon nach 15 Minuten den wichtigen Satz sagen: »It's a mystery. And I don't like mysteries.« Damit legt er einen wichtigen Teil seiner Mission dar: Demythologisieren. Es gibt (in ST:TOS) grundsätzlich drei immer wiederkehrende Handlungsstränge, wenn es um Götter geht:

1. Computer, die für einen Gott gehalten werden
2. Weiter entwickelte Aliens, die irrtümlich für einen Gott gehalten werden
3. Weiter entwickelte Aliens, die wollen, dass eine weniger entwickelte »Rasse« sie für einen Gott / für Götter hält. (vgl. ebd.: 18 ff.)

Keiner davon hat sich tatsächlich jemals als Gott herausgestellt, sondern eben als Aliens, die weiter entwickelt sind bzw. »andere« Fähigkeiten haben. Viele *Star-Trek*-Folgen handeln vom Widerstand der Menschen gegen »göttliche« Einmischung und Zwänge. Probleme können ohne übernatürliche Hilfe gelöst werden – meist verursachen die »Götter« sogar erst die Probleme, die die *Enterprise* dann lösen muss. Im fünften ST-Film *The Final Frontier / Am Rande des Universums* macht sich die Besatzung der *Enterprise* dann direkt auf die Suche nach Gott. Die finale Szene spielt auf einem fernen Planeten, in einem Stonehenge-ähnlichen Setting mit viel Nebel und passenden Soundeffekten. Der Auftritt von *Gott* gestaltet sich dann als die Projektion des riesigen Gesichtes eines – Überraschung – alten bärtigen Mannes, der von der Enterprise Besitz ergreifen will. Es entwickelt sich folgender Dialog:

Kirk: Entschuldigung, ich hätte da eine Frage. Wozu braucht Gott ein Raumschiff? (…)

Gott: Wer ist dieses Wesen?

Kirk: Wer ich bin? Das weißt du nicht? Bist du nicht Gott? (…) Ich brauche Beweise.

McCoy: Jim, was soll das? Willst du seinen Personalausweis sehen? (Auch sehr schön im englischen Original: *Jim, you don't ask the Almighty for his ID!)*

Auch hier stellt sich letztlich heraus: Es handelt sich bei dem bärtigen Alten nur um einen Außerirdischen, der sie austricksen will, folglich besiegt werden muss und am Ende natürlich auch besiegt wird.

Mehr als die Hälfte aller ST:TOS -Folgen handeln von solchen allmächtigen Wesen (oder Wesen, die zumindest mächtiger sind als Menschen), in ST:TNG gibt es diese Episoden auch noch, aber deutlich weniger häufig. Das veranlasst manche Autoren dazu, zu schreiben: »Die Götter im Star Trek-Universum scheinen auszusterben.« (Richards 1997: 194) Das stimmt allerdings nicht ganz. Es gibt nach wie vor Folgen, in denen es, wie in ST:TOS, um betrügerische Aliens geht, die sich für Gott oder den Teufel ausgeben und von der Enterprise entzaubert werden müssen und Folgen, in denen die Leute von der Enterprise selbst für Götter gehalten werden (ST:TNG 152 *Who watches the watchers / Der Gott der Mintakaner)* – was natürlich von den Aufklärern im Geiste Roddenberrys richtiggestellt werden muss. Und dann gibt es Q, eine wichtige Figur in ST:TNG, die auch in späteren Serien immer wieder vorkommt. Q erfüllt zumindest zwei Kriterien dessen, was man sich landläufig unter einem richtigen Gott vorstellt. Es geht also bei ihm nicht darum, ihn als einen Schwindler zu entlarven, sondern seine Göttlichkeit wird sozusagen anerkannt. Er ist allmächtig und unsterblich, aber: anscheinend nicht allwissend. (vgl. Kraemer 2001: 49) Q ist aufdringlich, laut, launisch, streitsüchtig, kindisch, nervig und alle verdrehen nur die Augen, wenn er auftaucht. Das Bild, das sich *Star Trek* von Gott macht ist also das einer Witzfigur. Moralisch ist er (nach Picards Maßstäben) definitiv weniger weit entwickelt als die Menschen. So kann es auch kommen, dass ein Mensch einem Gott das Leben rettet (Picard in der Folge *Deja Q).* An Q »wird demonstriert, wie die Abstreifung der bürgerlichen Subjektform zur Degeneration führen kann: Ohne beständiges Lernen und Streben verkommt die Moral.« (zur Nieden 2003: 52) Wie andere Aliens auch ist Q außerdem die »Projektionsfläche dessen, was das Subjekt in sich selbst bekämpfen muss, um es selbst, das heißt identisch zu werden.« (ebd.: 53) Die mit erhobenem Zeigefinger betriebene, ständige Abwehr von Qs hedonistischen Eskapaden demonstriert in anschaulicher Weise die Lustfeindlichkeit der straff organisierten Sternenflotten-Offiziere.

Über das Verhältnis von Religion und Wissenschaft in ST:DS9 könnte man eigene, umfangreiche Bücher schreiben. Es ist auch in dieser Hinsicht die ambivalenteste aller *Star-Trek*-Serien. Trotz der anti-religiösen Grundtendenz reproduziert der *Star-Trek*-Kanon immer wieder biblische und andere religiöse Mythen (Spritual Quests, Erlöser-Geschichten) – in ST:DS9 geschieht das durchgängig. Sisko, die Hauptfigur, ist hin und her gerissen zwischen seiner Rolle als Sternenflotten-Repräsentant und als Erlöser-Figur in der bajoranischen Religion, die ihm aufgedrängt wird. Verschiedene Sichtweisen existieren in ST:DS9 tatsächlich nebeneinander: Die einen sagen, es gibt hier »Wurmlochwesen«, die außerhalb unserer linearen Zeitlinie existieren, die anderen nennen sie Propheten. In früheren Serien wäre das ein klassischer Fall von »weiter entwickelten Aliens, die irrtümlich für Götter gehalten werden« gewesen, in ST:DS9 aber bleiben beide »Interpretationsmöglichkeiten« in pluralistischer, aber nicht völlig konfliktfreier Weise nebeneinander stehen. Die Föderation toleriert den Aberglauben der Bajoraner und mischt sich ungern ein. Religion, Spiritualität und Mythos sind generell wichtige Themen in ST:DS9. Auch die Formwandler, die Herrscher des *Dominion,* halten sich selbst für Götter (und züchten sich praktischerweise ihre Untertanen mit dem genetischen Zusatz des Glaubens und der Drogensüchtigkeit heran), und am Ende der Serie führt die Föderation sogar Krieg gegen diese Götter.

In der jüngsten Serie ST:ENT geht es back to the roots: Als Captain Archer gefragt wird, ob er an Gott glaubt, anwortet er: »I guess you could say I try to keep an open mind.« Das entspricht meines Erachtens wieder eher der agnostischen, ablehnenden aber toleranten Einstellung Roddenberrys. Religion kommt in ST also meist in folgenden Kontexten zur Sprache:

- Technische Überlegenheit wird von weniger entwickelten Aliens als Göttlichkeit missinterpretiert
- Religion als Konfliktgrund (verbunden mit Intoleranz, Ignoranz, Krieg)

- Religion als Gegensatz von Wissenschaft und Rationalität
- Religion und Spiritualität wird dem »Fremden« zugeschrieben (Worf, Kira, Chakotay)
- Der aufklärerische Impetus lässt – zumindest solange Roddenberry noch etwas zu sagen hatte – wenig Platz für Heiligkeit. In der Post-Roddenberry-Ära werden Glaube und Spiritualität als (auch mit Wissenschaft vereinbare) legitime persönliche »Kraftquellen« (und zur Rettung des persönlichen Seelenheils) toleriert. Es hält eher eine Religiosität im Sinne von New Age Einzug. (vgl. Porter/MacLaren 1999)

Obwohl *Star Trek* selbst schon vielen zum Religionsersatz geworden ist, muss im Unterschied zu meinem ersten Beispiel, der wirtschaftlichen Organisierung der Zukunft, doch zugegeben werden, dass *Star Trek* in Bezug auf Religion und Aberglauben den eigenen – von einem liberalen Weltbild geprägten – Anspruch der Aufklärung weitgehend durchhält und sich in diesem Punkt auch deutlich von anderen Fernsehserien unterscheidet.

Star Trek, Utopie und Kulturindustrie

Ist der Utopiegehalt von *Star Trek* nun lediglich ein Verkaufsgag der Kulturindustrie? Kann der Begriff Utopie überhaupt »zu mehr taugen als zum Topos unverbindlicher Schwärmerei (...)?« (Neusüss 1968: 29) Der Versuch einer Antwort muss sich, wie so vieles, der Dialektik bedienen.

Was die Utopie betrifft: Bis ins letzte Detail ausformulierte Alternativen haben keine Kritik am Bestehenden vorzubringen. Die Kritische Theorie verfolgt demgegenüber eine emanzipatorische Analyse des Bestehenden, ohne sich zu utopischen Entwürfen einer befreiten Gesellschaft hinreißen zu lassen, die prinzipiell unbestimmbar ist. Im Sinne einer negativen Dialektik bleibt nur das Beharren auf dem Luxus der Analyse und einer radikalen Kritik bestehender Herrschaftsverhältnisse – ohne allerdings die Möglichkeit eines besseren Lebens aus den Augen zu verlieren. Ist das Falsche einmal erkannt und präzisiert, so Adorno, ist bereits ein Index des Richtigen, Besseren gefunden. Unbestreitbar stehen Utopien aber natürlich in der Tradition der Aufklärung und des Humanismus, kritisiert wird das Unvernünftige, und diese Tendenz muss als solche auch anerkannt werden. Herbert Marcuse hob das Positive an utopischen Träumereien hervor: »Die kritische Funktion der Phantasie liegt in ihrer Weigerung, die Beschränkungen des Glücks und der Freiheit als endgültig hinzunehmen, in ihrer Weigerung, zu vergessen was sein könnte.« (Marcuse 1968: 148)

Und was *Star Trek* betrifft: Die Serie schafft es im Wesentlichen nicht einmal ihre eigenen, ständig hinausposaunten Ansprüche und Versprechen einzulösen – und die sind schon nur reformistisch. *Star Trek* ist durch und durch Ware, betreibt Aufklärung als Massenbetrug, wie es im Untertitel des Kulturindustrie-Kapitels heißt. Die scheinbare Aufklärung fördert die Regression des Individuums, macht es, genauso wie bei anderen Kulturindustrie-Produkten, zum passiven, konsumierenden Quotenbringer, zum Objekt. Mit *Star Trek* gelangt man – in Abwandlung eines Satzes aus dem Kulturindustrie-Kapitel – »raketenschnell von dort, wo man ohnehin ist, dahin (…) wo es nicht anders ist.« (Horkheimer / Adorno 2006: 158) *Star Trek* formuliert die Zukunft tatsächlich bis ins letzte Detail aus – bis zum »Exkrement-Extraktor« – und geht dabei fantasielos von den Verhältnissen der jeweiligen Entstehungszeit aus. Aber im Sinne einer Dialektik der Aufklärung muss auf die Möglichkeit verwiesen werden, dass *Star Trek* zwar keine Utopie – als Wissenschaft und Kritik an bestehenden Verhältnissen – ist, aber utopische Elemente enthält. (vgl. auch Tulloch / Jenkins 1995: 41 f.) *Star Trek* bleibt zwar vor allem dem Wissenschafts- und Technik-Optimismus des 19. Jahrhunderts verhaftet und hängt gleichzeitig frühbürgerlichen Vorstellungen von Aufklärung an. Bei aller Kritik kommt man aber nicht umhin, das – wenn auch reformistische – fortschrittliche Bemühen anzuerkennen, das bei vergleichbaren Serien (vor allem in den 60er Jahren) völlig fehlt. Sogar Bernardi, einer der schärfsten akademischen Kritiker von *Star Trek*, muss zugeben: »There are moments of beauty and resistance in [Star] Trek. (…) resistance is not futile.« (Bernardi 1998: 181) Widerstand ist nicht zwecklos.

Anmerkungen

1 Ideologie als falsches, gesellschaftlich notwendiges Bewusstsein, wenn es um die Subjektseite geht, und gesellschaftlich notwendiger Schein, wenn es um den Gegenstand des ideologischen Bewusstseins geht. »Gesellschaftlich notwendig« meint nicht: naturgesetzlich, sondern eine objektive Nötigung, die von der Organisation der Gesellschaft ausgeht. Diese Nötigung entsteht, wenn die Gesellschaft den Individuen anders erscheint, als sie ist.

2 Adorno meint in seiner Kritik an Huxley u.a., Huxley schlage sich auf die Seite derer, die gegen das Industriezeitalter weniger die Entmenschlichung als den Verfall der Sitten einzuwenden haben.

3 Cyrano de Bergerac (1619–1655) und Johannes Kepler (1571–1630) schrieben bereits Geschichten über eine Reise zum Mond. (vgl. Johler 1998: 29)

4 Memoirs of the Twentieth Century von Samuel Madden (1733). Eine der ersten Geschichten mit Außerirdischen wurde 1736 veröffentlicht: Eliza Haywoods »The Adventures of Eovaai«. (vgl. Pringle 1997: 15)

5 In Outland – Planet der Verdammten (1981) findet der High Noon z.B. auf dem Jupitermond Io statt.

6 Die deutsche Übersetzung von »Space ... the final frontier« als »Der Weltraum ... unendliche Weiten« ist nicht unbedingt dazu geeignet, die Implikationen des »Frontier-Mythos« zu vermitteln. »Unendliche Weiten« könnte sogar als das genaue Gegenteil der »final frontier« aufgefasst werden.

7 Von ›Verweiblichung‹ ist selbstverständlich im Sinne historisch entstandener Geschlechterrollen die Rede, in denen das Weibliche mit Natur, Heim und Emotionalität identifiziert wird.

Abkürzungen

SF = Science Fiction
ST = Star Trek
ST:TOS = Star Trek: The Original Series
ST:TNG = Star Trek: The Next Generation
ST:DS9 = Star Trek: Deep Space Nine
ST:VOY = Star Trek: Voyager
ST:ENT = Star Trek: Enterprise

Bibliografie

Adorno, Theodor W.: Aldous Huxley und die Utopie. In: ders.: Gesammelte Schriften. Kulturkritik und Gesellschaft I. Prismen ohne Leitbild. Frankfurt/M. 1977: 97–122

Aldiss, Brian/Wingrove, David: Der Milliarden-Jahre-Traum: Die Geschichte der Science Fiction. Bergisch Gladbach 1990

Bernardi, Daniel Leonard: Star Trek and history. Race-ing toward a white future. New Brunswick 1998

Collins, Steven F.: »For the Greater Good«. Trilateralism and Hegemony in Star Trek: The Next Generation. In: Harrison 1996: 137–156

De Gaia, Susan: Intergalactic Heroines. Land, Body and Soul in Star Trek Voyager. In: International Studies in Philosophy Vol. 30, 1/1998: 19–32 (zit. n. Nieden)

Dinklage, Meike: Captain Kirk nimmt Kurs auf Deutschland. In: Brigitte Nr. 25/98, 25. 11. 1998: 104–105

Farkas, Michael Eugene: The Final Frontier: Critical Theory and the Star Trek Phenomenon. Ph. D. diss., University of Windsor 1993

Gilroy, Paul: Exterritorialität: Die Entfremdung der Entfremdung. In: Diederichsen, Diedrich (Hg.): Loving the Alien. Science Fiction, Diaspora, Multikultur. Amsterdam/Berlin 1998: 31–47

Graaf, Vera: Homo Futurus. Eine Analyse der modernen Science Fiction. Hamburg/Düsseldorf 1971

Greenwald, Jeff: Future Perfect. How Star Trek Conquered Planet Earth. London 1998

Hallenberger, Gerd: Macht und Herrschaft in den Welten der Sciencefiction: die politische Seite der SF. Eine inhaltsanalytische Bestandsaufnahme. Meitingen 1986

Harrison, Taylor et al. (Hg.): Enterprise Zones. Critical Positions on Star Trek. Boulder 1996

Helford, Elyce Rae: Reading Space Fictions. Representations of Gender, Race and Species in Popular Culture. Iowa 1992

Hellmann, Kai-Uwe / Klein, Arne (Hg.): »Unendliche Weiten ...« Star Trek zwischen Unterhaltung und Utopie. Frankfurt / M. 1997

Hickethier, Knut: Die Utopie der Serie: Mythen und Weltsicht im Star-Trek-Universum. In: Hellmann / Klein 1997: 120–138

Horkheimer, Max / Adorno, Theodor W.: Kulturindustrie. Aufklärung als Massenbetrug. In: Dialektik der Aufklärung. Philosophische Fragmente. Frankfurt / M. 2006 [1969]: 128–176

Horkheimer, Max: Die Utopie. (Aus: Anfänge der bürgerlichen Geschichtsphilosophie. Stuttgart 1930: 77–94) In: Neusüss, Arnhelm (Hg.): Utopie. Begriff und Phänomen des Utopischen. Berlin 1968: 178–192

Jameson, Fredric: Progress Versus Utopia; or, Can We Imagine the Future? In: Science-Fiction Studies, H. 9, 1982: 147–158 (zit. n. zur Nieden)

Johler, Birgit: Auf zu neuen Welten: Star Trek-Kultur im Internet. Ein Wiener Lokalaugenschein. Dipl.-Arb., Wien 1998

Johnson, Shane: Die Welten der Föderation. Schindellegi 1996

Klein, Arne: Faszinierend! Star Trek zwischen Unterhaltung und Utopie? In: Hellmann / Klein 1997: 166–182

Kraemer, Ross: Is there God in the Universe? In: Kraemer, Ross / Cassidy, William / Schwartz, Susan L.: Religions of Star Trek. Boulder 2001: 15–56

Mackenzie Pearson, Anne: From Thwarted Gods to Reclaimed Mystery? In: Porter / McLaren 1999: 13–32

Maier, Susanne M.: Star Trek und das unentdeckte Land am Rande des Universums. Ein amerikanischer Mythos. In: Hofmann, Wilhelm (Hg.):

Sinnwelt Film: Beiträge zur interdisziplinären Filmanalyse. Baden-Baden 1996: 13–24

Marcuse, Herbert: Triebstruktur und Gesellschaft. Ein philosophischer Beitrag zu Sigmund Freud. Frankfurt am Main 1968

Marinaccio, Dave: All I really need to know I learned from watching Star Trek. London 1994

Neusüss, Arnhelm (Hg.): Utopie. Begriff und Phänomen des Utopischen. Berlin 1968

Nieden, Andrea zur: GeBorgte Identität. Star Trek als kulturindustrielle Selbstversicherung des technisierten Subjekts. Freiburg 2003

Pehlke, Michael / Lingfeld, Norbert: Roboter und Gartenlaube. Ideologie und Unterhaltung in der Science-Fiction-Literatur. München 1970

Porter, Jennifer / McLaren, Darcee: Star Trek and Sacred Ground. Explorations of Star Trek, Religion, and American Culture. New York 1999

Pringle, David (Hg.): Das ultimative Science Fiction Lexikon. Stories, Filme, Fernsehserien, Biografien, Helden und Bösewichte, Magazine. Augsburg 1997

Reeves-Stevens, Judith: Star Trek Design. München 1997

Richards, Thomas: Star Trek in Myth and Legend. The Stories behind the Episodes from Classic Series and the Next Generation. London 1997

Rose, Mark: Alien Encounters: The Anatomy of Science Fiction. Cambrigde 1981

Saage, Richard: Utopie und Science Fiction. Versuch einer Begriffsbestimmung. In: Hellmann / Klein 1997: 45–58

Schlegel, Herbert Michael: Zug zu den Sternen. Kennen Sie Star Trek wirklich? Meitingen 1998

Steinmüller, Karlheinz: Beinahe eine sozialistische Utopie. USS Enterprise: Heimathafen DDR? In: Hellmann / Klein 1997: 80–90

Steinrötter, Kolja: Science and a Sense of Hope. Zum Verhältnis von Wissenschaft und Religion in der Fernsehserie »Star Trek: Deep Space Nine«. Münster 2004

Tulloch, John / Jenkins Henry: SF Audiences. Watching Doctor Who and Star Trek. London / New York 1995

Florian Ruttner

CSI, Dupin und Holmes

Über die Wandlung der Rationalität in der Detektivgeschichte

In den letzten Jahren trat mit *CSI* (Crime Scene Investigaton) ein neues Format einer Krimiserie einen Siegeszug an: In hipper Ästhetik wurde das, was bei früheren Serien einmal am Rande geschah, in den Mittelpunkt gerückt. Tritt bei klassischen Krimis irgendein subalterner Beamter auf und verkündet dem Kommissar oder dem Detektiv irgendein Ergebnis einer Laboruntersuchung, so geht es bei *CSI* hauptsächlich darum, DNS zu analysieren, Blutspritzer zu finden oder durch andere Anwendung der Naturwissenschaften dem Verbrechen auf die Spur zu kommen. Das Konzept war dermaßen erfolgreich, dass auf die in Las Vegas angesiedelte Originalserie Spin-offs folgten – *CSI: Miami* und *CSI: New York*.

Der Detektivroman, so Siegfried Kracauer in seinem Buch aus den 20er Jahren über denselben, sei »eine bestimmte Stilgattung, die eine eigene Welt mit eigenen ästhetischen Mitteln entschieden darstellt.« (Kracauer 1971: 9) Genauer gesagt sei allen Detektivromanen eine Idee gemein, die »Idee, von der sie zeugen und aus der heraus sie gezeugt sind: die Idee einer durchrationalisierten zivilisierten Gesellschaft, die sie mit radikaler Einseitigkeit erfassen und in der ästhetischen Brechung stilisiert verkörpern.« (ebd.) Wie das allerdings geschieht, wo bei den einzelnen Detektivgeschichten die Schwerpunkte gesetzt sind, was also jeweils unter einer durchrationalisierten zivilisierten Gesellschaft verstanden wird, und wie der Detektiv darauf reagiert, ist unterschiedlich. Ob also z. B. ein kettenrauchender, einen zerknautschten Trenchcoat tragender Kommissar kraft seiner Intelligenz die Puzzlesteine mittels immer noch einer letzten Frage zusammensetzt, oder ob ein wurstsemmelfressender Schäferhund den gutaussehenden, aber eher unterbelichteten Kommissar auf die Lösung des Falls stößt, und so die Intelligenz durch Natur ersetzt wird, ist nicht nur eine Frage der Spannung und der Qualität des Krimis, sondern gibt auch Auskunft über die Verfasstheit der Gesellschaft, in der diese Geschichten entstehen.

Und welche Rationalität bei *CSI* im Vordergrund steht, soll hier näher in einem Vergleich zwischen klassischen Detektivgeschichten und eben *CSI* untersucht werden.

Gewöhnlich wird Edgar Allan Poes *Der Mord in der Rue Morgue* als erste Detektivgeschichte angesehen, Auguste Dupin gilt als der erste klassische Detektiv. Der Erzähler dieser Geschichte macht es einem leicht, herauszufinden, wie sein Held die Welt sieht, denn er beginnt die Geschichte mit einigen Überlegungen zu der wie er es nennt »Analytik«, die er von anderen Verstandestätigkeiten unterscheidet: »Die analytische Fähigkeit sollte nicht mit einfachem Scharfsinn verwechselt werden; denn während der Analytiker unbedingt scharfsinnig sein muß, ist der scharfsinnigste Mensch oft erstaunlich unfähig zu jeder Analyse.« (Poe 1969: 39) Um diese besondere Fähigkeit zur Erkenntnis soll es in der Geschichte gehen, der Erzähler meint am Ende dieser Überlegungen sogar, die »Geschichte, die jetzt folgen soll« werde »dem Leser fast wie ein Kommentar der eben aufgestellten Behauptungen erscheinen.« (ebd.)

Was macht das Vorgehen Dupins so besonders? Er fragt immer nach dem Besonderen eines Sachverhalts. So meint er zu dem Erzähler: »Bei Nachforschungen wie den vorliegenden sollte weniger gefragt werden »Was ist geschehen?« als »Was ist geschehen, das vorher niemals geschah?« (ebd.: 51)

Der Witz des Doppelmordes in der *Rue Morgue* liegt z.B. darin, dass alle Ohrenzeugen (denn andere gibt es vorderhand nicht) des Mordes eine der gehörten Stimmen immer als in einer fremden, ihnen nicht bekannten Sprache sprechend beschreiben. Ein Italiener hält die Sprache für Russisch, ein Engländer hält sie für Deutsch und so weiter. Dupin schließt aus dieser Besonderheit, dass es sich dabei nicht um eine Menschenstimme, sondern um das Schreien eines Affen handelt, was den Schlüssel zur Lösung des Falles birgt. Dupin kritisiert und verspottet auch das zu detaillierte und an starren Methoden orientierte Denken der Polizei: »Die Pariser Polizisten, die so sehr wegen ihres Scharfsinns gelobt werden, sind schlau, weiter nichts. [...] Vidocq z.B., war ein guter Rater und ein ausdauernder Mann. Aber ohne ausgebildetes Denkvermögen irrte er sich immerzu gerade durch die übertriebene Genauigkeit seiner Nachforschungen. Er verlor den Blick, weil er einen Gegenstand zu nahe hielt. Er mochte vielleicht einen oder zwei Punkte mit ungewöhnlicher Klarheit sehen, aber indem er dies tat, verlor er natürlich das Ganze aus dem Auge.« (ebd.: 49)

Noch deutlicher wird diese Kritik an der Polizeitaktik und deren Methoden in einem anderen Abenteuer Dupins. Dort wird ein Brief kompromittierenden Inhalts gesucht, der gestohlen wurde. Die Polizei kennt zwar den Dieb, braucht aber den Brief. So durchsucht sie das Haus des Diebes heimlich immer und immer wieder; der Polizeipräfekt, der schließlich Dupin heranzieht, schildert das Vorgehen so: »Ich habe eine langjährige Erfahrung in diesen Dingen. Ich nahm mir das ganze Gebäude vor, einen Raum nach dem anderen, und widmete jedem einzelnen alle Nächte einer ganzen Woche.« (Poe 1969: 39) Dabei geht er höchst systematisch vor, zerlegt alle Möbelstücke, berechnet das Volumen derselben, um eventuelle Geheimfächer ausfindig zu machen, und schraubt alle Tischplatten ab, um die Tischbeine zu kontrollieren. Der Brief bleibt aber unauffindbar. Dupin, der die Sache natürlich bald gelöst hat, spottet über dieses Vorgehen des Polizeipräfekten: »Eine gewisse Anzahl von sehr geschickt erfundenen Verfahren sind bei dem Präfekten eine Art Prokrustesbett, in das er alle seine Pläne gewaltsam einpaßt. Aber er irrt sich dauernd, indem er für den jeweiligen Fall entweder zu tief geht oder zu oberflächlich bleibt, und mancher Schuljunge würde schärfer denken als er.« (ebd.: 75)

Dupin hingegen löst den Fall durch die »Identifizierung des Verstandes des Denkenden mit dem seines Gegners« (ebd.), also des Briefdiebs. Und da er diesen schlau genug einschätzt, mit den Untersuchungen der Polizei, mit deren Methoden er vertraut ist, gerechnet zu haben, erkennt er, dass der Brief gar nicht sonderlich gut versteckt war, sondern offen herumlag, und gerade so von der Polizei übersehen wurde. Was die Geschichten Dupins interessant macht, ist also nicht zuletzt eine Kritik an den Polizeimethoden und deren Vorstellungen davon, wie denn Fälle zu lösen seien. Dupin setzt bei dem Lösen von Fällen nicht auf Fliegenbeinzählerei, sondern will bei der Untersuchung des Besonderen das Ganze nicht aus dem Blick verlieren.

Sherlock Holmes ist zwar nicht die erste, aber sicherlich eine der erfolgreichsten und bekanntesten Figuren der Krimigeschichte. Ende des 19. Jahrhunderts entstanden, hat er vollstes Vertrauen in seine intellektuellen Fähigkeiten, die er immer wieder unter Beweis stellt, und die auch von seinem Chronisten Watson immer wieder gepriesen werden: »There was but one problem before the public which could challenge his powers of analysis [...]« (Doyle 1982: 6)

Grundlegend für diese Kraft der Analyse ist Holmes' Skeptizismus, mit dem er in der Tradition des Rationalismus eines Descartes steht. Dieser formulierte einen seiner Grundsätze so: »[...] niemals etwas als wahr anzunehmen, wenn ich nicht sicher erkenne, dass es wirklich wahr ist, d. h. mich aufs sorgfältigste vor Übereilung und Vorurteil zu hüten und nur das in mein Wissen aufzunehmen, was sich meinem Verstande so klar und deutlich darstellte, dass ich keinerlei Anlass hatte daran zu zweifeln.« (Descartes 2006: 64) Ähnliches ist auch von Holmes zu hören: »It is one of those cases where the art of the reasoner should be used rather for the sifting of details than for the aquiring of fresh evidence [...] The difficulty is to detach the framework of the fact – of absolute undeniable fact – from the embellishments of theorists and reporters.« (Doyle 1982: 8) Man merkt zwar schon eine gewisse Akzentverschiebung hin zum Positivismus, der das Faktum in den Vordergrund stellt, aber trotzdem ist Holmes hier noch weit von der Sicht der *CSI*-Teams entfernt, das seine Schlüsse nur aus chemischen Analysen zieht. Bei Holmes ist schließlich noch von der Kunst des Denkers die Rede, nicht von bloßer naturwissenschaftlicher Analyse, es werden noch Zusammenhänge analysiert, nicht nur Blutspritzer, Spermareste und Gegenstände. Bei *CSI*, so könnte man sagen, herrscht eine instrumentelle Vernunft vor, die zwar in der Naturbeherrschung Triumphe feiert, aber eigentlich nicht so recht weiß, wozu. Dupin und Holmes lösten die Fälle noch, um ihre Intelligenz und die Fähigkeit der Analyse zu erproben, bei den *CSI*-Teams ist es nur noch ein Job und Routine. So hat zwar einerseits der Psychoanalytiker Theodor Reik recht, wenn er bei der Untersuchung von Detektivgeschichten meint: »Der Beweiswert sachlicher Spuren ist so groß geworden, daß das chemische Laboratorium geradezu als Vorzimmer des Gerichtshofes bezeichnet worden ist. Wie weit ist ein Sherlock Holmes hinter den Kriminalisten unserer Zeit zurückgeblieben; wie armselig muten uns seine Methoden, wie primitiv seine Technik der Verbrechensaufklärung an.« (Reik 1983: 13)

Für den Spannungsbogen der Geschichte allerdings gibt die einfache Analyse kaum etwas her; deshalb sind bei *CSI* auch immer wieder lange, von Musik untermalte optisch durch Blaulicht und ähnliche special effects aufgebauschte Sequenzen zu sehen, denn das, was bei Holmes noch die Spannung ausmacht, mitzudenken, die Gedankengänge nachzuvollziehen, sich von Wendungen überraschen zu lassen oder diese gar vorwegzunehmen, ist nicht mehr möglich – muss man doch das Ergebnis der Analyse abwarten. Die Naturbeherrschung im Labor wird so ästhetisiert und scheint ein Kinderspiel zu sein. Die Ästhetisierung übertüncht auch die schwierigen Momente dieser Arbeit. Würden wirklich alle in Labors mit offenem, wallendem Haar herumlaufen, wie das bei *CSI* der Fall ist, die Proben wären schnell verunreinigt. Die so durch das Styling hypostasierte Naturbeherrschung ist der Schlüssel für alle Probleme und Fälle: In den Verhören bei *CSI,* die bei anderen Krimigeschichten wie z. B. bei Columbo noch ein Messen zweier Geister waren, werden die Verdächtigen meist nur noch mit den Beweisen konfrontiert und knicken dann ein. Was bei Dupin noch die Geschichten strukturierte, die Kritik an den eingeübten Verhaltensweisen der Polizei, fällt bei *CSI* einfach weg, es werden genau diese Verhaltensweisen dargestellt und glorifizierend präsentiert.

Ein weiterer Unterschied, der oben schon angeschnitten wurde, soll hier noch etwas näher untersucht werden: Die gesellschaftliche Stellung des Detektivs.

Dupin steht außerhalb der »normalen« Gesellschaft. Er stammt aus bester Familie, unter widrigen Umständen verarmte er und nur die »Gutmütigkeit seiner Gläubiger« erlaubt es ihm, mit einem kleinen Rest des Erbes sich durchzuschlagen. So ist er frei, sich den Kriminalfällen zu widmen und versteht diese Betätigung des Geistes als Vergnügen. So schockiert Dupin den Erzähler ein wenig, wie man seiner Bemerkung in der Klammer entnehmen kann, als er im Zusammenhang mit dem Doppelmord meint: »Eine Untersuchung wird uns amüsieren (ich fand diesen Ausdruck sonderbar in der Anwendung auf diesen Fall, aber ich sagte nichts).« (Poe 1969: 50)

Auch bei Holmes, der ja ebenfalls ein leicht spleeniger Privatier und Liberaler ist, dient die Betätigung des Intellekts dazu, Freude daran zu haben, dem täglichen Trott und der Langeweile zu entfliehen, wie er Watson gesteht: »I know, my dear Watson, that you share my love of all that is bizarre and outside the conventions and humdrum routine of everyday life.« (Doyle 1982: 114) Und ist ein kniffliger Fall gelöst, meint Holmes nur bescheiden: »It saved me from ennui. (...) Alas! I already feel it closing in upon me. My life is spent in one long effort to escape from the commonplaces of existence. These little problems help me to do so.« (ebd.: 170)

Während also Holmes die freie Betätigung der Vernunft in der Gesellschaft noch als Freude und Spiel sieht, liegt die Sache bei den *CSI*-Teams anders: Sie alle haben ihren Job, der noch dazu kein Zuckerlecken ist, sie sind Staatsangestellte mit lästigen Chefs, und ein nicht geringer Teil der Erzählzeit der Geschichte wird auf diese Probleme am Arbeitsplatz verwendet. Die investigators machen ihren Job professionell und auch mit einem gewissen Spezialistenethos, aber so rechte Freude an der Betätigung der Vernunft mag keine aufkommen – auch nicht für den Zuseher, der ja selbst keine Schlüsse ziehen kann, da er die Ergebnisse der chemischen Analysen abwarten muss. Der Zuseher wird so weit passiver gehalten als bei Holmes oder Dupin, denn was das fröhliche Mitknobeln angeht, sind deren Abenteuer, bei aller technischen Rückständigkeit, doch unschlagbar.

Bibliografie

Descartes, René: Abhandlung über die Methode, die Vernunft richtig zu gebrauchen, Wiesbaden 2006

Doyle, Arthur Conan: Silver Blaze, in: ders.: Silver Blaze and other Sherlock Holmes stories, München 1982

Doyle, Arthur Conan: The Red-Headed League, in: ders.: Silver Blaze and other Sherlock Holmes stories, München 1982

Kracauer, Siegfried: Der Detektiv-Roman. Ein philospohischer Traktat, Frankfurt / M. 1971

Poe, Edgar Allan: Der Mord in der Rue Morgue, in: ders.: Der Mord in der Rue Morgue. Geschichten zwischen Tag, Traum und Tod, Leck 1969

Poe, Edgar Allan: Der gestohlene Brief, in: ders.: Der Mord in der Rue Morgue. Geschichten zwischen Tag, Traum und Tod, Leck 1969

Reik, Theodor: Der unbekannte Mörder. Psychoanalytische Studien, Frankfurt / M. 1983

Renate Göllner

Warum die Desperate Housewives Judith Butler vorzuziehen sind und ich dennoch dabei einschlafe

Geschlechterverhältnis und Kulturindustrie

Bei der kritischen Lektüre Judith Butlers stellt sich bald die Frage, ob es sich bei dieser Genderkonzeption nicht um eine bewusstlose Widerspiegelung der Kulturindustrie handelt. Was nämlich darin als Identitätswechsel firmiert, ist genau betrachtet aus der Perspektive kulturindustrieller Konsumenten entworfen. Eine beliebige Folge von *Desperate Housewives* belehrt jedoch eines Besseren, zum Beispiel die, in der Andrew, Brees Sohn, seine Mutter verklagen will. Andrew möchte mündig erklärt werden, um rascher an seine Erbschaft zu gelangen und hat deshalb einen Anwalt zu sich nach Hause geladen, weil er Hausarrest hat. Die beiden sitzen auf Andrews Bett, als Bree mit einem Tablett mit Sandwiches und Tee eintritt. Sie hat eine tadellos weiße Schürze umgebunden, die mit einer bunten Blümchenbordüre verziert ist:

Bree: Guten Tag, ich dachte, ich bringe dir und deinem Freund einen kleinen Imbiss.

Andrew: Er ist mein Anwalt und wir führen ein vertrauliches Gespräch, also raus!

Anwalt (beruhigend): *Andrew, du brauchst nicht unhöflich zu werden. Das ist wirklich nett von Ihnen, Mrs. Van de Kamp.*

Bree: Nun, ich bin immer noch erschüttert, dass Sie meinen Sohn bei diesem lächerlichen Plan, mündig zu werden, helfen. Aber Sie sind in meinem Haus und Gästen steht ein Sandwich zu. (Sie überreicht ihm das Sandwich.)

Andrew: Wenn du mich zu seiner Kanzlei fahren lassen würdest, bräuchtest du nicht so zu tun, als ob du nett zu ihm wärst.

Bree: Es mag vielleicht einen Richter geben, der dumm genug ist, dich für mündig zu erklären, aber bis du den findest, nehme ich meine elterlichen Rechte wahr und stelle dich unter Hausarrest, solange es mir passt. Mr. Bourmeos, es war nett Sie wiederzusehen, und bitte, machen Sie keine Krümel auf den Teppich. (Bree verläßt den Raum.)

Desperate Housewives, zweite Staffel, Teil 2, Episode 17: Trennungen.

Die Verhältnisse in der Familie Van de Kamp sind in dieser Szene klar umrissen: zwischen Mutter und Sohn herrscht offener Kampf, ein Kampf auf Leben und Tod; Eines Tages, wenn seine Mutter es am wenigsten erwarte, sagt Andrew in einer der Folgen, werde er »etwas so Grauenvolles« tun, »dass ihre Welt zusammenbricht. Damit meine ich, es wird sie regelrecht vernichten«. (Desperate Housewives. Der Guide zur Kultserie, 2006: 135) Nichts ist in dieser Familie im Lot: Andrews Vater ist vom Liebhaber der Mutter, dem örtlichen Apotheker, ermordet worden und als Bree davon erfährt, verweigert sie ihm, der aus unglücklicher Liebe zu ihr einen Selbstmord vortäuscht, jede Hilfe, und er stirbt wirklich. Andrew ist ein durch und durch renitenter Jugendlicher, er kifft und ist zum Leidwesen seiner Mutter schwul. Diese wiederum ist dem Alkohol verfallen. Als Andrew in einer späteren Folge schließlich den »sexsüchtigen« Freund der Mutter verführt, setzt sie ihren Sohn in der Wildnis aus und lässt sich selbst in die Psychiatrie einweisen.

Obwohl es hier also um Leben und Tod geht, gibt es zugleich auch das Recht, das als Form der Auseinandersetzung und Begrenzung der unmittelbaren Gewalt direkt in die Familie – in der Person des Anwalts – eindringt und als Möglichkeit der Konfrontation wahrgenommen wird. Es zeugt davon, dass in dieser Gesellschaft die juristische Option ständig präsent ist, dass darüber offen gesprochen werden kann und sich dadurch das Eigeninteresse des Einzelnen stärker gegenüber der Familie behaupten kann. Unmittelbare Gewalt, Mord und Totschlag kann damit jedoch nicht abgeschafft werden.

Wie die Marktkonkurrenz auf die Familie bzw. auf die narzisstische Einheit zwischen Mutter und Kind einwirkt, ja sie aufzulösen vermag, zeigt eine andere Szene. In der Firma, in der eine andere verzweifelte Hausfrau, Lynette Scavo, beschäftigt ist, wird eine neue Mitarbeiterin angestellt, deren Bub in die firmeneigene Kinderkrippe kommt; doch die Mutter besteht, zum Entsetzen der Mitarbeiter und Mitarbeiterinnen darauf, das fünfjährige Kind selbst während der Arbeitszeit zu stillen. Als der Bub eines Tages in Lynettes Büro kommt und mit den

Worten »Ich habe Durst« nach seiner Mutter verlangt, verführt sie ihn mit einer Packung Trinkkakao. Das satte, zufriedene Lächeln des Kindes lässt erahnen, dass die Mutterbrust fortan ihre Attraktivität eingebüßt hat. Die Szene ist übrigens fast schon eine Werbeeinschaltung für Kakao.

Die Beziehungskonstellationen in *Desperate Housewives,* die Serie spielt in einer fiktiven amerikanischen Vorstadt, sind trotz dieser Lichtblicke in vieler Hinsicht desaströs. Die buchstäblich verzweifelten Bemühungen der fünf Protagonistinnen, den bürgerlichen Schein zu wahren – woraus auch viel Komik entsteht – münden nicht nur bei der schwer neurotischen, zwanghaften Bree allesamt in ein Desaster. Alles läuft irgendwie schief in diesen Familien und Beziehungen in der Wisteria Lane. In solchen schwierigen Verhältnissen aufgewachsen, bleiben auch die Kinder und Jugendlichen von Beschädigungen nicht verschont, ganz im Gegenteil: keines dieser Kinder ist auf den ersten Blick wirklich sympathisch, gezeigt werden vielmehr kleinere und größere Monster, wie etwa die beiden abscheulichen Zwillinge Lynettes, der völlig unberechenbare, gewalttätige Andrew, oder der verschlossene, düstere Jugendliche Zach, der seinen Großvater umbringt. »Die Vorstadt«, sagt Lynette, »ist ein Schlachtfeld«, und die Serie als Ganzes zeigt die Familie als eine Organisationsform, die im Zerfall begriffen ist, und als solche wird sie ziemlich illusionslos dargestellt. Allerdings wird den Zusehern dann immer wieder die Möglichkeit einer heilen Welt im Kreise der Familie vorgegaukelt, um die Sehnsucht des Publikums nach Harmonie zu stillen, und sie dann erneut zu enttäuschen und so weiter und so fort. Das aber ist auf die Dauer etwas ermüdend.

Nun ist *Desperate Housewives* keinesfalls als Familienserie konzipiert, wie es deren so viele in Deutschland gibt. Der Autor und Produzent der Serie, Marc Cherry – er wird in Newsweek als ein »ein wenig konservativer, homosexueller Republikaner« beschrieben – verdankt die Idee zu dieser Serie, wie er selber sagt, seiner Mutter, die ihn über das verzweifelte Leben des Hausfrauendaseins aufklärte. Das neue daran ist, dass Cherry Drama-, Comedy-, jedoch auch Krimi-, Mystery- und Soapelemente nicht nur auf ungewöhnliche Weise mischt, sondern auch außergewöhnliche Schauspielerinnen für diese Serie engagiert. Marc Cherry ist übrigens auch der Erfinder der *Golden Girls,* der, wie es heißt, »Großmutter« aller Sitcoms. Das Bemerkenswerte an diesen *Golden Girls* aus den späten 80er und frühen 90er Jahren war, dass einige Themen der Handlung damals noch als weitgehend tabu galten; etwa Diskriminierung und Isolation älterer Menschen, Aids und bis zu einem gewissen Grad auch Homosexualität. Dass eines dieser *Golden Girls,* die sogar in einer Wohngemeinschaft zusammenleben, gleichsam als »sexbesessen« gezeigt wird, und auch die anderen Frauen dem männlichen Geschlecht durchaus zugeneigt sind, das Glücksversprechen also auch noch im Alter einfordern, verweist zudem auf den provokativen Charakter dieser Serie, der jedoch durch den zum Teil doch etwas seichten Humor wieder zurückgenommen wird. *Sex and the City,* in der die Kolumnistin als episches Subjekt im Mittelpunkt steht und ihre Sex- und New-York-Abenteuer erzählt, steigert diese Provokation und nimmt zugleich den selbstbezogenen Humor der *Golden Girls* zurück: gelacht wird meist nur zu Ungunsten der Männer. Diese Serie, in der der Warenkonsum gleichberechtigt neben dem Sex im Mittelpunkt steht, würde in der Leichtigkeit ihres Rollenspiels Butlers Theorie und ihrer Geschlechtermaskerade noch am ehesten entsprechen, wäre da nicht in jedem Augenblick zu erahnen, dass all ihre Freiheit auf der Voraussetzung beruht, genug Geld zum Konsumieren zu haben.

Neu an Serien wie *Golden Girls, Sex and the City* und *Desperate Housewives* ist zweifellos der Umstand, dass Frauen überhaupt in den Mittelpunkt der Handlung gerückt sind; deshalb könnte sogar von einer Trilogie gesprochen werden, wobei es sich bei *Desperate Housewives* und den Frauen aus *Sex and the City* gleichsam um die verjüngten *Golden Girls* handelt, die also wirklich die Großmütter dieser Serien sind. Genau betrachtet lässt sich eine sukzessive Weiterentwicklung feststellen: sind die *Golden Girls* die absolute Billig-Sitcom, die in einigen wenigen Räumen, mit wenigen Außenaufnahmen und mit dem üblichen laugh-track gedreht wurde, so ist *Sex and the City* in New York angesiedelt, dessen Kulisse den Erfolg der Serie mitbestimmt hat. Hinzu kommen das modische Outfit der Protagonistinnen und deren beruflicher Erfolg, vor allem aber der Konsum. Die Verzweifelten Hausfrauen schließlich ist vermutlich die kostspieligste und dramaturgisch ausgefeilteste dieser Serien; hier sind nicht nur mehrere Autoren am Werk, es existiert auch ein großer Stab an zumeist guten Schauspielern und Schauspielerinnen und es gibt mehrere Handlungsstränge. Angesiedelt ist die Serie in der Vorstadt, entlang der Wisteria Lane, übrigens in Häusern, in welchen unter anderem schon Filme mit Doris Day, James Stuart und Tom Hanks gedreht wurden. Nur jenes Haus, in dem einst die Serie *The Munsters* gedreht wurde, wird wegen des hohen »Wiedererkennungswertes« nicht gezeigt. (An diese Dracula-Frankenstein-Familienparodie sollen die Verhältnisse in *Desperate Housewives* nun doch nicht erinnern.) Auch was die Handlung der drei Serien betrifft, zeigt sich eine Entwicklung: konzentrieren sich die Konflikte in *Golden Girls* vor allem auf Alter und Sex, so in *Sex and the City* auf Geld und Sex. Die verzweifelten Hausfrauen samt ihren Familien hingegen stellen ein kleines Universum dar, und mehr als in den anderen Serien wird darin versucht, die gesellschaftlichen Zwänge, aus denen es kein Entrinnen gibt, ins Bewusstsein zu rufen und gezeigt, auf welch gespenstische Weise sie sich im Innersten der Individuen niederschlagen können: Am besten gelingt das wohl in der Darstellung Brees, die in ihrer Zwanghaftigkeit merkwürdig puppenhaft und zugleich lebensnah wirkt. Sie ist überhaupt die interessanteste Figur der Serie, die, die am meisten überrascht, sich verändert und auch entfalten kann. (Über sie sagt Marc Cherry, der das Buch zur Serie seiner Mutter, der ursprünglichen »Desperate Housewife«, widmete: »Brees Rolle zu schreiben hat mir unheimlichen Spaß gemacht, da sie meiner Mom am ähnlichsten ist. Immer musste [zuhause; R. G.] eine angenehme Atmosphäre herrschen. Über Gefühle wurde die Stirn gerunzelt. Wir wurden umarmt, aber Geschrei gab es in unserem Haus nicht. Wenn ich Teenagerangst hatte, so durfte ich sie nicht äußern. Im Van-de-Kamp-Haus übertreibe ich das Ganze ein bisschen, da es so viele Protestanten gibt, die sich darüber, anders als die mir bekannten jüdischen und italienischen Familien, in Schweigen hullen«). (ebd.: 31)

Infolge ihrer Zwangsneurose ihrem besonders grausamen Über-Ich hilflos ausgeliefert, ritualisiert Bree ihren Alltag, kultiviert ihren Sauberkeitsfetischismus und muss in allen Lebenslagen den Schein der Rationalität, der Perfektion und Makellosigkeit wahren: nicht nur in ihrer Rolle als Hausfrau und Mutter, sondern auch als Geliebte, etwa in der Szene, in der sie versucht, mit dem Apotheker zu schlafen: doch jedes Mal wenn der sie auch nur berührt, reagiert ihr Körper mit einem heftigen, roten Ausschlag. Das Liebesspiel darf erst gar nicht beginnen, erst als er sich ihr nicht mehr nähert, kann sie ihren Gefühlen freien Lauf lassen und selbst aktiv werden. Die Prüderie ist nur Schein; irgendwann entdeckt Bree ihre Lust an sadomasochistischem Sex und genießt ihre Rolle als Domina.

Dass das Verhältnis zwischen den Geschlechtern ein überaus kompliziertes ist, und unter den herrschenden gesellschaftlichen Bedingungen kaum zu bewältigende Anforderungen stellt, zeigen die permanenten Konflikte, die in diesen Beziehungen nur wenig verdeckt oder verheimlicht werden. Damit sind auch Tod und Gewalt ständig präsent. Das beginnt schon bei der Rahmenhandlung, in der die tote Mary Alice Young, die sich umgebracht hat, gleichsam aus dem Jenseits, einem metaphysischen Off, alles kommentiert: merkwürdig moralisierend und mit besänftigender Stimme, so, als ob das, was das Publikum im Laufe der Handlung irritierte oder verstörte, am Ende wieder zurückgenommen werden soll. Es sind Worthülsen, sinnlose Sinnsprüche, die darüber hinaus eine leere Gemeinschaft, einen Zusammenhang ohne Inhalt suggerieren sollen, ohne wirkliche Bedeutung, außer vielleicht der, zur nächsten Werbeeinschaltung überzuleiten. Nur selten geht der Kommentar ein wenig über einen Sinnspruch hinaus, wie etwa der folgende: »Etwas Seltsames geschieht, wenn wir sterben. Unsere Sinne gehen verloren. Geschmack, Tastgefühl, Geruch und Gehör, all das wird zu einer entfernten Erinnerung. Aber unser Sehvermögen, das erweitert sich. Und plötzlich sehen wir die Welt, die wir verlassen haben, ganz deutlich. Natürlich könnte fast alles, was für die Toten sichtbar ist, auch von den Lebenden gesehen werden, wenn sie sich nur die Zeit nehmen würden, hinzusehen«. (ebd.: 12)

Neben der Figur der Mary Alice Young gibt es noch zahlreiche andere Tote und Ermordete, die auf teils mysteriöse Weise rund um die Wisteria Lane ihr Leben lassen. Dass die Toten und Ermordeten verschwinden wie in jedem beliebigen Krimi, ohne dass man sie wirklich betrauert und der Tod niemanden aus der Fassung zu bringen vermag, zeugt vom kulturindustriellen Charakter der Produktion, der immer auf Verharmlosung hinausläuft. So viele Menschen auch sterben, wirklich todtraurig darf es in so einer Serie nicht zugehen. Durch das Geheimnisvolle,

Märchenhafte des Kommentars wird die Wirkung des Todes immer wieder besänftigt und gleichsam als Happy Ending inszeniert. Während in *Sex and the City* der Sex für die einzige ständige Abwechslung im Immergleichen sorgt, woraus eine gewisse Langeweile entsteht, springt in *Desperate Housewives* gleichsam der Tod ein, der doch mysteriöser erscheint als der Orgasmus. Sich dem Leben so weit auszusetzen, dass man daran zerbricht, das würde den starren Regeln einer Serie, der Reproduktion des Immergleichen, zuwiderlaufen. In avancierten Filmproduktionen hingegen, wie *Short Cuts,* der übrigens als formales Vorbild für *Desperate Housewives* diente, schockiert der Tod; bei Robert Altman ist er keine Stimme, die besänftigend aus dem Jenseits kommentiert: die Cellistin in *Short Cuts,* ungeliebte Tochter einer Jazzsängerin, zerschneidet ihren Körper mit Glasscherben. Als sie ihrer Mutter vom Unfall eines kleinen Kindes zu erzählen versucht, geht diese gleichgültig wieder auf die Bühne und singt »I am a Prisoner of Life«. Die Tochter zieht sich daraufhin in die Garage zurück und leitet die tödlichen Auspuffgase ein.

Verharmlost wird bei den Verzweifelten Hausfrauen außerdem die Gewalt, die weitgehend unsichtbar gemacht wird und sich zudem fast nie gegen Frauen richtet. Dadurch erscheinen gerade auch die Frauen autonomer und mächtiger als sie in Wirklichkeit sind. In dem Zusammenhang wäre auf Filme wie *Grüne Tomaten* oder *Thelma und Louise* hinzuweisen, in denen die Gewalt zwischen den Geschlechtern das zentrale Handlungselement bildet, das jedoch durch die klischeehafte Darstellung zurückgenommen wird.

Hausfrauen in Deutschland

Sucht man im deutschsprachigen Raum nach Serien, die annähernd mit *Golden Girls, Sex and the City* oder *Desperate Housewives* zu vergleichen wären, so stößt man auf gähnende Leere. Ein merkwürdiger Umstand, zumal doch gerade auch hier solche Serien mit einer Begeisterung konsumiert werden, die ihresgleichen sucht, vergleichbar in ihrer massenhaften Wirkung mit der Rockmusik der 60er und 70er Jahre. Was Österreich betrifft, so hatten die Verzweifelten Hausfrauen im Mai 2005 immerhin einen Marktanteil von nahezu 43 Prozent in der Zielgruppe der 12- bis 49-Jährigen, das ist Platz 7 der Top 15 des Österreichischen Rundfunks, und es ist zu vermuten, dass sich diese Zahlen nicht grundsätzlich von den Einschaltquoten in Deutschland unterscheiden. Dennoch wurden und werden in Deutschland vorzugsweise Familienserien produziert, die es selbstverständlich auch in den USA gibt, nur dort eben als ein Genre unter vielen anderen. Unterzieht man sich der Mühe, und sieht sich diese deutschen Produktionen an, so fällt auf, dass die deutsche Kulturindustrie sehr bewusst versucht, sich vom US-amerikanischen Serienmarkt abzugrenzen. Damit kommt sie freilich den spezifischen Bedürfnissen des postfaschistischen Publikums entgegen.

In Familienserien wie *Wege zum Glück, Sturm der Liebe* oder der »Adelssaga« *Der Fürst und das Mädchen* wird nicht nur nach dem Motto »Trautes Heim, Glück allein« verfahren; es geht immer auch um das Erbe der Eltern oder Großeltern, kurzum, um das jeweilige Familienunternehmen, sei es die Porzellanmanufaktur Falkental, das Hotel Fürstenhof oder der Konzern des Fürsten Thorwald. Es dürfte für die deutsche Fernsehindustrie nicht ganz untypisch sein, dass auf den Erfolg von *Dallas* und *Denver Clan* eine Soap mit dem Titel *Das Erbe der Guldenburgs,* die Geschichte einer Adelsfamilie samt Bierbrauereibetrieb, gedreht wurde. Ja es scheint, als ob viele deutsche Soap-Regisseure und Drehbuchautoren eine zusammenhängende Handlung in diesem Genre überhaupt nur über die Vergangenheit herstellen können, die als Last und Pflicht zugleich erscheint. Solch eine Handlungskonstruktion beschränkt sich übrigens nicht nur auf Serien, sondern trifft auch auf einige andere deutsche Fernsehproduktionen zu, etwa das »Drama« *Die Frauen aus der Parkallee.* In der ZDF-Ankündigung war dazu Folgendes zu lesen: »Drei Frauen aus drei Generationen sind es, deren Schicksal wir in dem Film Die Parkallee verfolgen wollen – in einer wundervollen Villa aus den Gründerjahren, Familienresidenz der Juweliers-Familie Hubertus. Doch hinter dieser schönen Fassade wohnt nicht nur das Glück. Wir sehen schwierige Mutter-Tochter-Verhältnisse, geprägt vom mittlerweile verstorbenen, dominanten Vater Werner Hubertus, große Gefühle in jungen und alten Lieben, existenzielle Bedrohungen des Unternehmens, und schließlich die Besinnung auf eigene Stärken und Schwächen, das Wiederfinden der Liebe zueinander, und am

Ende eine harmonische Familie, in der jeder – und jede – glücklich werden kann«. (www.teleboy.ch) Nicht viel anders geht es im adeligen Milieu, in der Serie *Der Fürst und das Mädchen,* zu: »Der alte Fürst von Thorwald befürchtet, dass sein Vermögen nach seinem Tod in die Hände seiner habgierigen Familie fällt und sein gutes Werk zugrunde geht. Um das Erbe der machthungrigen Sippschaft vorzuenthalten, die das soziale Engagement der Thorwaldholding vermutlich einstellen würde, braucht der Fürst einen männlichen Erben. Er guckt sich die anscheinend bürgerliche Ursula Kaminski aus, die sein Kind austragen soll. Dank des damit verbundenen Geldsegens ist Ursula plötzlich wohlhabend und muss sich in der für sie neuen Welt des Adels zurechtfinden. Sie erfährt aber, dass sie in Wirklichkeit selbst aus einer Adelsfamilie stammt, da sie eine uneheliche Tochter des Grafen von Lichtenthal ist ...« (www.fernsehserien.de/index.php?serie=7882)

Darüber, dass solch unsäglicher Familienkitsch beim Publikum überhaupt Erfolg haben könnte, wundert sich sogar der Autor des deutschen Fernsehlexikons: »Erstaunlich«, heißt es darin, »mit welchen Stoffen das ZDF im neuen Jahrtausend glaubte, sich neue, junge, moderne Zielgruppen erschließen zu können. Und tatsächlich schaffte es die Hochglanz-Soap in eine zweite Staffel«. (ebd.) Warum sie »es schaffte«, ist wiederum auf der ZDF-Internetseite – unter der Überschrift »Die Faszination des Adels« – nachzulesen: »Hinter dem Bedürfnis, am Schicksal der Blaublütigen teilzunehmen, steckt eine starke Sehnsucht nach Kontinuität, Verlässlichkeit und nach Familienbanden in einer globalisierten, unsicheren Welt. So verfolgten durchschnittlich 4,88 Millionen Zuschauer [...] das Schicksal der Thorwalds in der zweiten Staffel, die im Jahr 2005 gesendet wurde«. (http://fuerst.zdf.de/ZDFde/inhalt/5/0,1872,5243365,00.html)

Solcherart Sehnsucht nach Kontinuität und Verlässlichkeit der Familienbande hat ebenso mit der Angst vor einer globalisierten, unsicheren Welt zu tun, wie mit der gemeinsamen nationalsozialistischen Vergangenheit, die die jeweiligen »Familienbande« – die Betonung liegt auf Bande – eint. Diese familiäre Intimität begründet den gesellschaftlichen Zusammenhang der sekundären Volksgemeinschaft. Was immer für Verbrechen in diesen Familien auch begangen wurden, das Erbe hat sie, zusammen mit dem Wissen um diese Verbrechen, auf Gedeih und Verderb zusammengeschweißt. Vergangenheitsbewältigung via Familienunternehmen könnte man das nennen. Während es sich in der Familie Van de Kamp beim Streit um das Erbe bloß um einen vorübergehenden Konflikt zwischen Mutter und Sohn handelt, stiftet es in diesen deutschen Serien Harmonie. Und eben darin besteht ein wesentlicher Unterschied zwischen den Verzweifelten Hausfrauen und einer solchen deutschen Familien-Soap. Deshalb auch sind sich alle diese deutschen Familien auf so unerträgliche Weise ähnlich: Anders als in amerikanischen Serien, in welchen die verschiedensten Formen der Familie nebeneinander existieren, sind hier die Rollen weitgehend hierarchisch festgeschrieben, alles Fremde, Verrückte, Sonderbare und auch Komische, all das, was eine gewisse Dynamik und Veränderung in das familiäre Geschehen brächte, muss als Katastrophe erscheinen und ferngehalten werden.

Andererseits gibt es Soaps mit dem »Prädikat wertvoll«, die von pädagogischem Eifer inspiriert und getragen werden, wie etwa die *Lindenstraße*, »eine Hölle des sozialdemokratischen Gewissens« (Seeßlen 2001: 203), aber für ein jüngeres Publikum gemacht sind. Als Hölle des multikulturellen Zusammenlebens ließe sich die preisgekrönte ARD-Vorabendserie *Türkisch für Anfänger* beschreiben, in deren Zentrum eine multikulturelle Patchworkfamilie steht. Lena, eine linke Psychotherapeutin, zieht mit ihrem Mann, einem türkischstämmigen Polizisten, in eine gemeinsame Wohnung, mit dabei auch die Kinder: Cem, der neue Vater, bringt eine strenggläubige Muslima und einen Sohn mit in die Familie, der zwar nicht so streng gläubig ist, sich aber für seine Schwester »verantwortlich fühlt«. »Obgleich Titel und Szenario in erster Linie auf den Kulturkonflikt abzielen, werden in der Serie auch weitere Themen angesprochen. Locker beschrieben, und zum Teil kabarettistisch überzeichnet, werden von der Pubertät bis hin zu Problemen im Alter Lebenslagen durchgenommen, die in allen Kulturen vorkommen«. (»Türkisch für Anfänger«, Wikipedia) Das Auffallende an dieser Serie ist die hochideologische, verkrampfte Handlungskonstruktion, der plumpe Humor, eine heuchlerische Moral und ein pädagogischer Gestus, der gesellschaftliche Konflikte gänzlich verharmlost. Das alles kann an einer einzigen Szene und ihrer Botschaft sichtbar gemacht werden: darin werden das strenggläubige Mädchen und ihr Freund von Nazis überfallen; um sich zu wehren, reißt es sich das Tuch vom Kopf und würgt damit ihren Angreifer, der sofort von ihr ablässt. Verkehrte Welt: der türkische Vater, ein Softi, der als Polizist für Recht und Ordnung sorgt, das Kopftuch des strenggläubigen Mädchens nicht das Symbol patriarchaler Gewalt, sondern eine lebensrettende Waffe. Man wartet förmlich darauf, dass die Tochter den Ehrenmord am eigenen Vater vollzieht.

Man kann sich freilich auch die Frage stellen, ob der Autor und Produzent dieser Serie Judith Butler gelesen hat, und es sich bei der Darstellung des moslemischen Mädchens um eine feministische Parodie handelt, die subversive Verwirrung der Identitäten stiften soll. Wie Butler nämlich berichtet, hat sie eine Konferenz besucht, auf der ein Vortrag über die wichtigen kulturellen Bedeutungen der Burka zu hören war, darüber, »wie sie für Zugehörigkeit zu einer Gemeinschaft und Religion, zu einer Familie, zu einer umfangreichen Geschichte von Verwandtschaftsbeziehungen steht, dass sie eine Übung in Bescheidenheit und Stolz, einen Schutz vor Scham symbolisiert und dass sie auch als Schleier dient, hinter dem und durch den weibliche Handlungsfähigkeit wirken kann«. (Butler 2005: 168) Das entspricht dem zentralen Gedanken von Butlers feministischer Theorie, der lautet, dass das Geschlecht keine natürliche Eigenschaft von Körpern ist, sondern eine ideologische Konstruktion, eine »imaginäre Formation«, die keine soziale, kulturelle oder biologische Entität beschreibt. Ganz nach Lust und Laune können Frauen ihre

Identitäten wechseln, am besten unter der Burka. Ist es auch richtig, dass die bürgerliche Gesellschaft Freiräume eröffnet und Emanzipation ermöglicht, so setzt sie doch zugleich die Individuen neuen Zwängen aus, und bedroht sie mit Gewalt. Gerade aber diese Gewalt wird von Butler verleugnet, so als ob es eine befreite Gesellschaft schon gäbe. Doch Butler will die Verhältnisse gar nicht verändern: Ihre durch diskursive Konstruktion inszenierte Identitätsmaskerade, also »die subversiven Möglichkeiten von Sexualität«, seien, wie sie, in Anlehnung an Foucault, betont, im »Rahmen der Macht neu zu uberdenken«. (Butler 1991: 57) Diese herrschende »Macht« aber ist ihr eine selbstverständliche, unhinterfragte Tatsache, innerhalb derer es ihr möglich scheint, selbstbestimmt und frei zu handeln und als unverwechselbares Subjekt zu gelten. Insofern entpuppt sich ihre Diskurstheorie selbst als ein Stück Kulturindustrie: »Jedes Produkt gibt sich als individuell; die Individualität selber taugt zur Verstärkung der Ideologie, indem der Anschein erweckt wird, das ganze Verdinglichte und Vermittelte sei eine Zufluchtstätte von Unmittelbarkeit und Leben.« (Adorno 2003: 339)

Marc Cherry aber blieb vermutlich allein durch die Erfahrung des Hausfrauenschicksals seiner Mutter vor solcher Ideologie bewahrt. Während bei Butler gesellschaftliches Leid, seelische Not, Verzweiflung und Tod, also Leiblichkeit nicht existieren, hat der Autor und Produzent der Verzweifelten Hausfrauen insbesondere mit Bree eine Figur geschaffen, die bei aller kulturindustriellen Verharmlosung dennoch eine Ahnung darüber vermitteln kann, was diese Gesellschaft den Individuen anzutun vermag.

Charakteristikum deutscher Kulturindustrie ist der Umstand, dass darin Aggressivität und Neurosen nicht dargestellt werden dürfen, oder, wie in *Türkisch für Anfänger,* nur in pädagogisierender Absicht; weil ständig von den äußeren gesellschaftlichen Zwängen abstrahiert und so getan wird, als ob die inneren Verhältnisse im Lot wären, Staat und Gewalt darin nicht existierten, dürfen die Menschen auch nicht als Beschädigte gezeigt werden, die sie immer auch sind: »Das Wuchernde des Gesunden ist als solches immer schon zugleich die Krankheit. Ihr Gegengift ist Krankheit als ihrer bewußte, die Einschränkung von Leben selber. Solche heilsame Krankheit ist das Schöne. Es gebietet dem Leben Halt und damit seinem Verfall. Verleugnet man jedoch die Krankheit um des Lebens Willen, so geht das hypostasierte Leben vermöge seiner blinden Losgetrenntheit vom anderen Moment gerade in dieses, ins Zerstörende und Böse über, ins Freche und sich Brüstende. Wer das Zerstörende haßt, muß das Leben mithassen: nur das Tote ist das Gleichnis des nicht entstellten Lebendigen.« (Adorno 1975: 96) Stilmittel zur Erzeugung dieser geheuchelten Atmosphäre der gesellschaftlichen Harmonie ist der Kitsch, neben der Musik ist es übrigens die romantisierte Natur, etwa ein Kameraschwenk zu einem glitzernden See oder zu einer blühenden, wogenden Wiese, der in diesen Filmen die Harmonie herstellen soll. Harmonie via Natur wurde übrigens auch in den zahlreichen Tierserien hergestellt, wie sie in den 60er und

70er Jahren in Amerika entstanden sind, etwa *Fury, Lassie, Flipper* oder *Daktari*, ein Genre übrigens, das mittlerweile nahezu ausgestorben ist. Das Verschwinden dieser Serien legt die Vermutung nahe, dass diese Themen nur Ersatz für das Thema aller Themen gewesen wären, das in *Golden Girls, Desperate Housewives* und *Sex and the City* so offen zu Tage liegt: nämlich der Sex. So ist die Natur aus amerikanischen Serien verschwunden, gleichsam vom Sex aufgezehrt.

Entsteht in *Desperate Housewives* die Komik maßgeblich dadurch, dass der Geschlechterkonflikt zumeist von Frauen thematisiert und offensiv ausgetragen wird, so wird er in deutschen Serien in Moral und Sentimentalität ertränkt. Eine Szene wie die, in der Lynette ihrem Mann, der zunächst unfähig ist, den Haushalt mit den kleinen Kindern sauber zu halten, heimlich eine Ratte in die verschmutzte Küche setzt, wäre in *Der Fürst und das Mädchen* unvorstellbar. Deshalb sind die Dialoge so langweilig, der Humor so plump und misslungen: Für sie gilt noch immer, was Siegfried Kracauer im Hinblick auf die Situation des Films in Deutschland vor dem Ersten Weltkrieg beschrieben hat: »Daß sich jene Komödie, die im Zufall und naiven Glücksverlangen gründet, als den Deutschen unzugänglich erweisen sollte, geht aus dem Hang ihrer herkömmlichen Ideologie hervor, die Vorstellung des Glücks zugunsten der des Schicksals zu diskreditieren. Die Deutschen haben eine Art Humor entwickelt, der Witz und Ironie mit Verachtung straft und für Glücksnaturen nicht viel übrig hat. Ihnen eignet ein Gefühlshumor, der die Menschen mit ihrer Zwangslage zu versöhnen sucht und nicht nur ihr Gelächter über die Ungereimtheiten des Lebens erregt, sondern durch das Lachen bewußt macht, wie schicksalhaft das Leben ist«. (Kracauer 1984: 27 f.)

Vergleicht man also die Darstellung des Geschlechterverhältnisses der deutschen und der US-amerikanischen Serien, so wird deutlich, dass der deutsche Markt ein unvergleichlich konventionelleres, rückwärts gewandteres Klischee von Frauen transportiert, eines, das den Anforderungen der Realität und der Konkurrenz am Arbeitsmarkt kaum noch entspricht; denn natürlich sind sie es, die als aggressionsgehemmt, defensiv, vermittelnd und immer auch ein wenig leidend dargestellt werden. Diese Aggressionshemmung, die stets auch mit Schuldgefühlen einhergeht, wird besonders am Umgang mit Geld und Reichtum deutlich. Geld und Reichtum bilden zwar in den deutschen Serien nicht anders als in den US-amerikanischen Serien die selbstverständliche und stillschweigende Voraussetzung jeder Handlung; während jedoch in deutschen Serien Geld bzw. Kapital immer in der Familie verbleiben muss – einer der in nahezu allen Serien wiederkehrenden Standardsätze lautet: »Wir sind eine Familie und müssen zusammenhalten«, und gemeint ist damit immer das Geld – liegt den Frauen in *Sex and the City* nichts ferner, als es zu horten. Sein einziger Zweck ist vielmehr, sich damit so viele Waren wie nur möglich zu kaufen. Und auch den Verzweifelten Hausfrauen fehlt jeder schuldhafte, moralisierende Umgang mit Geld: Als Gabrielle ihren

Mann im Gefängnis besucht, ist der wegen ihrer Seitensprünge verzweifelt und stellt resignierend fest, dass ihre Ehe längst am Ende sei. Worauf ihm Gabrielle ziemlich genervt, dafür aber umso überzeugender, erwidert: »Sieh's doch mal positiv, Carlos, wir sind reich.« Worauf der Häftling und Gatte kurz nachdenkt und sagt: »Ja, du hast recht.« Dieser Dialog, dieser offensive, schamlose Bezug aufs Geld, statt auf die Liebe – Geld macht bekanntlich sinnlich – ist der Dramaturgie der deutschen Soaps entgegengesetzt. Würde er dort dargestellt, so mit moralischer Verachtung: »Sattheit«, schreibt Adorno, »ist zu einem Schimpfwort a priori geworden, während an ihr schlecht doch nur wäre, daß es solche gibt, die nichts zu essen haben; der angebliche Idealismus, der gerade im heutigen Deutschland so pharisäisch über den angeblichen Materialismus sich hermacht, verdankt vielfach, was er für seine Tiefe hält, nur unterdrückten Instinkten. Haß aufs Behagen zeitigt in Deutschland Unbehagen am Wohlstand, und ihm verklärt sich die Vergangenheit zur Tragik«. (Adorno 1970: 20)

Dass die Vergangenheit in Deutschland sich nicht gänzlich zur Tragik verklärte, ist auch der amerikanischen Kulturindustrie zu danken. Vor allem jenen, die in den 60er und 70er Jahren aufgewachsen sind, half dieser kulturindustrielle Einfluss der spießbürgerlichen Enge und Tristesse des postnazistischen Alltags ein wenig zu entkommen. Er brachte einen Hauch jener »Glücksnaturen« in die Wohnzimmer und auf die Leinwand, von denen Siegfried Kracauer sprach.

Es ist hinlänglich bekannt, dass die amerikanische Kulturindustrie in den 30er, 40er und 50er Jahren außergewöhnliche Schauspielerinnen hervorbrachte, unter ihnen Joan Crawford, Lauren Bacall, Bette Davis, Marlene Dietrich, Greta Garbo oder Catherine Hepburn, die allesamt in legendären Filmen mitwirkten. Solche Schauspielerinnen und natürlich auch solche Filme sucht man im deutschsprachigen Raum vergeblich. Im Gegenteil, hier feierten die österreicherische Lieblingsschauspielerin Paula Wessely und die deutsche Heidemarie Hatheyer triumphale Erfolge. Wessely, und auch das ist bekannt, spielte 1941 in dem nationalsozialistischen Propagandafilm und antisemitischen Machwerk *Heimkehr* eine von Polen verfolgte Deutsche, in einem Film, der den Angriff auf Polen legitimieren sollte und dessen indirektes Ziel die Vernichtung der Juden war; Heidemarie Hatheyer, die 1940 unter der Regie des Naziregisseurs Hans Steinhof den Heimatschinken *Die Geierwally* drehte, setzte ihre Karriere in dem Film *Ich klage an* fort, einem Propagandastreifen, der für die Euthanasie warb. Zur gleichen Zeit – während des Zweiten Weltkrieges – stand Marlene Dietrich, seit 1937 US-Bürgerin, als Truppenbetreuerin an der Front auf der Seite der Alliierten und wirkte an Propagandasendungen gegen die Deutschen mit; Bette Davis leitete ab 1941 die Hollywood Canteen Foundation, einen Club, in welchem Filmstars die kämpfenden amerikanischen Soldaten unterhielten und Lauren Bacall spielte an der Seite Bogarts in *To Have and Have Not;* ein Film, in dem es um die Flucht eines vom Vichy-Regime verfolgten Widerstandskämpfers geht. Während Paula Wessely nicht allein für die Nationalsozialisten, sondern auch für deren postfaschistische Schauspielergeneration und deren Publikum die perfekte Identifikationsfigur abgab, ist es in den USA eben eine ganz andere Tradition, die offenkundig bis heute in amerikanischen Serien weiterwirkt. Hier erweist sich Felicity Huffmann, die Lynette aus *Desperate Housewives,* in ihrem Film *Transamerika,* in dem sie als Transvestit zu sehen ist, als fulminante, wandlungsfähige Darstellerin (das gleiche gilt auch für den Großteil der anderen Hauptdarstellerinnen, man denke nur an Bree bzw. Marcia Cross). Deutsche Soap-Darstellerinnen hingegen sind im Ausland zumeist so unbekannt wie die Filme, in denen sie mitwirken. Das aber hat mit den zivilisatorischen Standards zu tun, die darin ständig unterlaufen werden. Für die Identifikation ist das nicht unerheblich: verrückt, verzweifelt, »sexsüchtig«, lasziv oder unmoralisch, lesbisch oder schwul hat man in deutschen Serien eben nicht zu sein. Und wenn, dann meist nur im Verborgenen. Und außerdem: wer mag sich schon eine Barbara Wussow oder eine Hanna Schygulla in der Rolle eines Transvestiten vorstellen?

Bibliografie

Adorno, Theodor W.: Erziehung zur Mündigkeit. Vorträge und Gespräche mit Hellmut Becker 1959–1969, Frankfurt / M. 1970

Adorno, Theodor W.: Minima Moralia. Reflexionen aus dem beschädigten Leben, Frankfurt / M. 1975

Adorno, Theodor W.: Résumé der Kulturindustrie, Gesammelte Schriften, Bd. 10, Frankfurt / M. 2003

Butler, Judith: Das Unbehagen der Geschlechter, Frankfurt / M. 1991

Butler, Judith: Gefährdetes Leben. Politische Essays, London 2005

Desperate Housewives. Der Guide zur Kultserie, Frankfurt / M. 2006

Kracauer, Siegfried: Von Caligari zu Hitler. Eine psychologische Geschichte des deutschen Films, Frankfurt / M. 1984

Seeßlen, Georg: Der Tag, als Mutter Beimer starb. Glück und Elend der deutschen Fernsehfamilie, Berlin 2001

Internet

www.fernsehserien.de/index.php?serie=7882

http://fuerst.zdf.de/ZDFde/inhalt/5/0,1872,5243365,00.html

www.teleboy.ch/programm/detail/index.php?const_id=20070423201 5002

Artikel »Türkisch für Anfänger«. In: Wikipedia, Die freie Enzyklopädie. URL: http://de.wikipedia.org

Florian Ruttner

Warum es kein Zufall ist, dass Neonazis Matrix und Herr der Ringe mögen

Das individuelle Opfer als Schicksal

Bei der Beschäftigung mit kulturindustriellen Produktionen stößt man natürlich auf das Problem, dass die verbotenen Früchte stets die süßesten sind, und Kritik an, ja sogar Skandale um Filme fast schon fixer Bestandteil von Werbekampagnen für ebendiese Filme sind. So wird zwar wieder der sich alles einverleibende Charakter der Kulturindustrie unterstrichen, deren Magen selbst beißende Kritik verträgt und verdaut, aber es geht dem Kritiker dabei wie so oft: Dass seine Kritik die Sache trifft, macht seine Position nicht unbedingt leichter.

Auf die Frage, wie man denn über die Kulturindustrie und ihre Mechanismen aufklären könne, ohne Verbote zu propagieren, die ja nur zur Reklame für das Verbotene würden, meinte Adorno in einem Interview: »Man kann sie [eben diese Produkte der Kulturindustrie, F. R.] aber den jungen Menschen madig machen. Jede Epoche bringt die Ausdrücke hervor, die ihr angemessen sind. Und manche dieser Ausdrücke, etwa »Schnulze« oder »madig machen«, sind sehr gut. Ich würde eine solche Erziehung des »Madigmachens« außerordentlich advozieren.« (Adorno

1971: 146) Dahinter steht auch der Gedanke, durch das Verdeutlichen der Effekte und Mechanismen, derer sich die Kulturindustrie bedient, die Dürftigkeit dieser Tricks aufzuzeigen und dadurch so etwas wie eine Impfung im Publikum zu erzielen.

Warum die Wahl auf die zwei Filme »Herr der Ringe« und »Matrix« fiel, hat mit einer kleinen tschechischen Neonazigruppe zu tun. Denn auf der Homepage einer der kleineren der momentan in Tschechien erstarkenden Neonazigruppen mit dem Namen »Národní Korporativismus« (Nationaler Korporativismus) war eine Sammlung der »Filmzitate des Monats« zu finden.[1] Die beiden genannten Filme müssen großen Eindruck auf die tschechischen Kameraden gemacht haben, fast alle Zitate dieser Sammlung stammen daher. Und der Präsentation der Zitate auf altermedia.info wird folgende Erklärung zu Matrix vorausgeschickt:

»Sie können ›Matrix‹ mögen oder nicht. Das ist mehr oder weniger eine Frage des Geschmacks. Aber ob er Ihnen gefällt oder nicht, Sie müssen gestehen, dass er einer der inspirierendsten Filme der letzten Zeit war. [Übers. F. R.]« (altermedia.info) Welche Zitate also genau aus diesen beiden »inspirierenden Filmen« ausgesucht wurden, und warum, soll geklärt werden. Damit, dies sei explizit erwähnt, ist nicht gleich jeder Fan dieser Filme ein verkappter oder offener Nazi, aber die Überlegung, was diese Gruppe denn dazu bewegte, diese Zitate auf die Homepage zu stellen, kann vielleicht den Zusammenhang zwischen autoritärem Charakter und Kulturindustrie etwas erhellen.

Der Herr der Ringe

> »Überhaupt ward Diederich gewahr, daß man sich in dieser Oper gleich wie zu Hause fühlte. Schilder und Schwerter, viel rasselndes Blech, kaisertreue Gesinnung, Ha und Heil und hochgehaltene Banner [...]: Man hätte mitspielen mögen.« (Mann 1995: 347 f.)

Steht eine Kritik kulturindustrieller Produkte vor den oben angerissenen Problemen, so hat sie auch einen Vorteil: Langatmige Zusammenfassungen des Stoffes kann man sich wegen des Bekanntheitsgrades schenken. Der Plot wird im Folgenden als zumindest in groben Zügen bekannt vorausgesetzt. Auch die in Fankreisen unvermeidliche Diskussion, ob der Film denn jetzt dem Buch gerecht würde, wird hier nicht geführt. Das Fanwesen des »Herrn der Ringe« wäre überhaupt eine eigene Untersuchung wert, hier nur ein paar Stichworte: Wenn gesagt wird – und das ist immer als Werbung gemeint – der »Herr der Ringe« sei Kult, so ist damit mehr gesagt, als man eigentlich wollte, denn als sinn- und gemeinschaftsbildenen Kult kann man dieses Fanwesen getrost bezeichnen. Auch hier gilt das Motto der Kulturindustrie: Dabeisein ist alles; es geht um die Mitgliedschaft in einem Kollektiv. So sympathisch, weil ja auf den ersten Blick zweckfrei, ja fast an scholastische Dispute des Spätmittelalters gemahnend, Diskussionen in Fanforen darüber scheinen, ob jetzt ein Balrog (ein Fabelwesen) Flügel hat oder nicht, so sehr ist doch diese Diskussion davon getrieben, sich als wissendes Mitglied der Community zu präsentieren: »Was man den

Gebrauchswert in der Rezeption der Kulturgüter nennen könnte, wird durch den Tauschwert ersetzt, anstelle des Genusses tritt Dabeisein und Bescheidwissen, Prestigegewinn anstelle der Kennerschaft.« (Horkheimer / Adorno 1987: 185)

Bei all den Unterschieden von Buch und Film sind die grundlegenden Züge der beiden Produkte gleich, und zur Interpretation wird zunächst der Film und, falls Hintergrundinformationen notwendig sind, das Buch herangezogen.

Eine Interpretation des Stoffes von Film und Buch steht zunächst einmal vor dem Problem, dass sich der Autor J. R. R. Tolkien explizit gegen diesen Versuch aussprach. Er schrieb im Vorwort, um sich gegen Interpretationen zu wenden, die in dem Buch eine Geschichte des Zweiten Weltkriegs erblicken wollten: »Was irgendwelche tiefere Bedeutung oder ›Botschaft‹ betrifft, so gibt es nach Absicht des Verfassers keine. Das Buch ist weder allegorisch noch aktuell.« (Tolkien 1988: 11) Seine Intention für dieses Buch sei der »Wunsch eines Märchenerzählers« gewesen, »es einmal mit einer wirklich langen Darstellung zu versuchen.« (ebd.: 10) Aber so märchenhaft und fern jeder Realität ist sein Stoff nicht, und das liegt gerade an seinem Verfahren, das in Fankreisen so großes Ansehen genießt, Unmengen von alten Mythen zu einer Geschichte zu verquicken. Denn »schon Mythos ist Aufklärung« (Horkheimer / Adorno 1987: 21) und will also etwas über die Welt aussagen. Bei Tolkien wird diese Spannung zwischen Mythos und Aufklärung allerdings zugunsten des ersteren aufgelöst – die archaischen Gesellschaften, die beschrieben werden, werden auch verherrlicht.

Denn der Hauptmythos, der beschrieben wird, ist der vom Geld, das traditionelle Gesellschaften auflöst. Diese Versachlichung der gesellschaftlichen Beziehungen, das Verschwinden traditioneller und das Heraufziehen neuartiger Abhängigkeitsverhältnisse und gesellschaftlicher Verkehrsformen gab natürlich eine Menge Stoff für Interpretationsversuche. Häufig wird dabei der trauernde und wehmütige Rückblick auf die untergegangene Gesellschaftsformation, auf die vermeintlich gute alte Zeit in den Vordergrund gestellt. Bei Marx ist die Rede davon, dass mit dem Geld, das sowohl gesellschaftliches Verhältnis als auch ein schlichtes Ding ist, die »gesellschaftliche Macht [...] so zur Privatmacht der Privatperson [also des Geldbesitzers, F. R.]« wird. Marx weiter: »Die antike Gesellschaft denunzierte es daher als die Scheidemünze ihrer ökonomischen und sittlichen Ordnung.« (Marx, MEW 23: 146) Und er schließt eine Stelle aus der griechischen Tragödie Antigone in einer Fußnote an, um diese Sichtweise zu belegen:

> »Denn kein so schmählich Übel, wie des Geldes Wert, / Erwuchs den Menschen: Dies vermag die Städte selbst / Zu brechen, dies treibt Männer von Hof und Herd; / Dies unterweiset und verkehrt den edlen Sinn / Rechtschaff'ner Männer, nachzugeh'n ruchloser Tat, / Zeigt an die Wege böser List den Sterblichen, / Und bildet sie zu jedem gottverhassten Werk.« (ebd.)

Das ist auch der eigentliche Beginn des Films: Beim Angeln finden Smeagol und sein Freund den einen Ring, der das Geld symbolisiert, und die idyllische Angelpartie endet damit, dass Smeagol der Macht des Ringes erliegt und seinen Freund erschlägt.

Allerdings geht die Macht des Ringes im Vergleich mit der des Geldes nicht ganz auf: Schließlich ist mit ihm ja auch noch ein Versprechen auf Weltherrschaft verbunden: »Ein Ring sie zu knechten, sie alle zu finden, / ins Dunkel zu treiben und ewig zu binden.« (Tolkien 1988: 7)

Hier geht es zu wie bei Wagners »Ring der Nibelungen«: Der Ring Alberichs, so Gerhard Scheit in seiner Studie dazu, »symbolisiert nicht nur das Privateigentum an diesem Gold, sondern bildet zugleich den Fetisch von Weltmacht und Weltverschwörung.« (Scheit 1999: 284) Auch die Formen der Herrschaft, die der Ring ermöglicht, ähneln sich in den beiden Werken: Im Gegensatz zu der gleichsam natürlichen Herrschaft, die z. B. Aragorn durch das Blut, durch seine Abstammung als legitimer Erbe des Thrones von Gondor zukommt, braucht Sauron, der böse Herrscher, den Ring um die Macht zu erringen, und dementsprechend wird alles, was mit diesem in Berührung kommt, denaturalisiert. Während bei der Beschreibung der Wiedererlangung der Königskrone durch Aragorn eine ganze Reihe von »natürlicher« Symbolik aufgefahren wird (der alte Baum beginnt zu blühen, bzw. wird im Buch neu gepflanzt, ja sogar der alte Aberglaube vom Königsheil, den »heilenden Händen des Königs« wird aufgewärmt) ist alles, was in Saurons Machtbereich kommt, öde, dunkel und entstellt. Die Form der Herrschaft ist so verändert, sie »wird zur unsichtbaren Macht, ist nicht mehr ›von Natur aus‹ vorhanden, sondern muß errungen werden mit List und Tücke.« (ebd.: 287) Auch in einem anderen Punkt gleicht der Wagnerstoff dem Tolkiens: Das Ganze kann nur in einem großen Weltenkampf enden, an dessen Ende der Untergang der Welt steht. Bei Tolkien endet es zwar nur in einer gedämpften Götterdämmerung, aber die Welt wie sie war geht unter, die Zeit der Elben geht zu Ende und sie verlassen Mittelerde.

Der Ring kann nur zerstört werden, er kann in keiner Weise von Menschen oder anderen Wesen benutzt werden. Wer mit ihm in Kontakt kommt, wird (mit ganz wenigen Ausnahmen) böse und verräterisch. Auch hier gilt wieder das, was schon über Wagner gesagt wurde: »Die Handlung der Ring-Tetralogie entfaltet dabei eine Art *strukturellen* Antisemitismus. Die Nähe zum geraubten Gold ist ausschlaggebend für die Rolle und Funktionen [der handelnden Personen, F. R.]« (ebd.: 284) Die Welt ist klar dichotomisch geteilt: Hier gibt es die Guten, alles Böse kommt von außen. Auf die von sich aus guten und natürlichen Königshäuser hat der Ring eine äußerst zersetzende Wirkung: In Figuren wie der des Einflüsterers Grima, dem engsten Ratgeber König Theodens von Rohan, durch den ebendieser zur Marionette gemacht wird, konkretisiert sich dieser Antisemitismus: Grima ist kein Kämpfer, sondern ein Einflüsterer, der Kraft seiner schönen Sprache die Fäden zieht. Dahinter steht dann auch noch eine weiter verzweigte Verschwörung, die über Saruman letztendlich natürlich bei Sauron endet.

Es gibt im Film nur eine Person, die der zersetzenden Wirkung des Rings widerstehen kann, und das ist der edle Tor Samweis Gamdschie (kurz genannt Sam), der Gärtner und Begleiter des Ringträgers Frodo, dessen edle Einfalt und Natürlichkeit ihn vor der Macht des Ringes schützt. Er ist der einzige (sieht man von der nur im Buch vorkommenden Gestalt Tom Bombadil ab), der den Ring an sich nimmt und auch freiwillig wieder abgibt. Selbst der eigentliche Ringträger, Frodo, hat es nicht so leicht mit dem Ring und verfällt ihm zusehends. Samweis' Widerpart und auch lange Zeit Gegenspieler ist Gollum (ehemals Smeagol), der trotz einiger Versuche, der Macht des Rings zu entkommen, diesem so verfallen ist, dass er mit ihm in den Abgrund stürzt, in dem der Ring zerstört wird. So findet sich, bei aller Zweideutigkeit Gollums doch das antisemitische Bild, er sei die Personalisierung des Geldes, der nur mit diesem selbst vernichtet werden kann.

Dem unheimlich und unnatürlich Abstrakten des Rings werden Völker entgegengestellt, die von sich aus gut sind und mehr oder minder mit der Natur in Einklang stehen, und die den Horden der entstellten und unnatürlichen Orks gegenüberstehen. Eine genauere kritische Beschreibung der einzelnen Völker und ihrer Funktion im Film findet sich in einem Text von Daniel Sanin, auf den hier nur verwiesen werden kann. (www.malmoe.org) Im Detail sollen hier allerdings die Hobbits beschrieben werden, nicht nur, da Tolkien über sie im ersten Buch des »Herrn der Ringe« eine kleine Abhandlung verfasste, sondern auch, da sie als die »natürlichste« und dem Ring gegenüber resistenteste Gruppe, als eine Mischung aus englischem Gentry und pfeifenkrautrauchenden Hippies und als harmonische Gemeinschaft porträtiert werden. Besonders spannend ist in diesem Zusammenhang, was Tolkien über die »Ordnung des Auenlandes«, die politische Struktur der Heimat der Hobbits schreibt. Sie seien tribal strukturiert, man könne »kaum von einer ›Regierung‹ sprechen.« (Tolkien 1988: 24) Gesetze sind ebenfalls kaum vorhanden, die wenigen, die es gibt, werden traditionell auf einen urgeschichtlichen König zurückgeführt, und »gewöhnlich befolgen sie die Gesetze aus freien Stücken, weil es Die Regeln waren (wie sie sagten), seit alters her und gerecht.« (ebd.) Die Exekutive wird von »Landbütteln« gestellt, die allerdings »eher Feldhüter denn Polizisten« seien, »da sie sich mehr um streunende Tiere als um Leute kümmerten.« (ebd.: 25) Plastischer kann man das Verschmelzen von Natur und Gesellschaft und freiwilliger Unterordnung des Individuums unter das Kollektiv kaum in den Himmel heben. Negative Dinge kommen in dieser harmonischen Einheit kaum vor. Alles Böse kommt von außen, sind die Hobbits doch »nicht gewinnsüchtig, sondern zufrieden und bescheiden, so daß Güter, Höfe, Werkstätten und kleine Gewerbebetriebe generationenlang unverändert bleiben.« (ebd.: 24) Nach innen also eine traditionell formierte Gemeinschaft, die kein Profitmotiv kennt und der Gewalt nicht bedarf, da traditioneller Glaube und freiwilliges Einordnen diese nicht notwenig werden lassen. Folgerichtig besteht die Hauptaufgabe der Landbüttel denn auch in einem rigiden Grenzregime: »Eine sehr viel größere Anzahl, die je nach Bedarf schwankte, war dafür eingesetzt ›die Grenzen abzuschreiten‹ und dafür zu sorgen, daß sich die Ausländer aller Arten, ob groß oder klein, nicht unliebsam auffuhrten.« (ebd.: 25)

Bei einem anderen dieser guten Völker setzt auch das erste Zitat der Nazihomepage an: Es handelt sich dabei um die Ansprache Aragorns vor der letzten verzweifelten Schlacht: Er feuert seine Mannen an, beschwört die Kameradschaft unter ihnen und schließt mit dem Ruf »I bid you to stand, Men of the West«, mit der Aufforderung also, die Männer des Westens mögen gegen die Horden der künstlichen, lichtscheuen Orks standhalten. Dass diese Konstellation Nazis anspricht, braucht zunächst nicht zu verwundern. Diese rassistische Stereotypisierung ist so offensichtlich, dass sogar in einem anderen, offenbar etwas humorvolleren Rollenspielsystem, der Welt von »Shadowrun«, die neben anderen Fabelwesen von Orks bewohnt wird, Kritik daran laut wird. Das Buch »Der Herr der Ringe« ist dort verboten, da es die Minderheit der Orks rassistisch stigmatisiere.

Allerdings macht die plumpe rassistische Stereotypisierung auch nicht den Kern der Begeisterung der Nazis für diesen Film aus, besonders, wenn man die Zitate aus »Matrix« heranzieht. Hier wie dort geht es mehr um das Aufgehen des Individuums im Schicksal, und auch in dem angeführten Zitat steckt mehr als Stereotypisierung, geht es doch auch um die Erschaffung des Kollektivs der »Men of the West«, die durch schlechte Herrschaft und Dekadenz ihre einstige Stellung und ihre Verbindung untereinander verloren haben, und sich nun im Kampf und in der dazugehörigen Opferbereitschaft wieder vereinen müssen. Die »Sons of Gondor« und die »Sons of Rohan« sollen wieder die »Men of the West« werden. Der Film endet ja auch mit einer Restauration des Menschenreiches und eine der Eheschließungen am Ende des Films wird zwischen der Nichte des Königs von Rohan und dem Sohn des Truchseß' Gondors vollzogen.

Wie im Inhaltlichen dem archaischen Helden und dem Schicksal, so wird auch in der Form archaischen Mitteln gehuldigt, die allerdings mittels Computeranimationen auf den neuesten Stand der Technik gebracht wurden. Der Herr der Ringe wird oft als Fantasy-Epos bezeichnet und in dieser Bezeichnung steckt etwas Wahres, auch wenn der Text nicht in gebundener Sprache verfasst ist. Georg Lukács beschreibt das Epos, oder die Epopöe wie er es nennt, in Abgrenzung zum Roman, folgendermaßen: »Die Epopöe gestaltet eine von sich aus geschlossene Lebenstotalität, der Roman sucht gestaltend die verborgene Totalität des Lebens aufzudecken und aufzubauen.« (Lukács 1988: 51) Während also der Roman eine analytische Seite hat, bildet das Epos nur das Bestehende ab. Bei Tolkien findet sich genau das: Er dachte sich zuerst die Welt, die Sprache dieser Welt etc. aus, schrieb mit dem »Silmarillion« eine Geschichte dieser Welt von den Anfängen bis zu deren Ende, in der er eine ungeheure Masse von Mythen vermengte, und von der die Geschichte des Herrn der Ringe nur einen Teil bildet. Über allem waltet also dieses schon vorausgesetzte Schicksal. Das hat natürlich auch Folgen für die Konstitution der Helden des Epos. Lukács schreibt: »Der Held der Epopöe ist, strenggenommen, niemals ein Individuum. Es ist von alters her als Wesenszeichen des Epos betrachtet worden, dass sein Gegenstand kein persönliches Schicksal, sondern das einer Gemeinschaft ist.« (ebd.: 57) Dieser Kollektivismus zieht sich auch durch den »Herrn der Ringe«: So ist z. B. Aragorn zunächst gar nicht so willig, den Thron Gondors anzustreben, erst Elronds Verweis auf seine »Blutlinie« gibt den Anstoß. Auch Frodo, der durch Familienbande an den Ring kommt, ergibt sich dem Schicksal und findet sich damit ab, dass er die Zerstörung des Rings höchstwahrscheinlich auch nicht überleben wird, er stimmt sich die ganze Trilogie über auf den Tod ein, bereitet sich also auf sein Martyrium für die Gemeinschaft vor – am Ende stirbt er zwar nicht direkt, ist aber doch der Welt enthoben und segelt gen Westen, in ein paradiesähnliches Land.

Die Individuen werden so meist als Anhängsel von irgendwelchen Kollektiven gesehen, deren Schicksal sie nicht entkommen können, und dieser Zustand wird mit edlen Bildern ästhetisiert. Diese Ästhetisierung der Heteronomie, der Unselbständigkeit, die Verherrlichung von mythischen Kategorien, die die Gemeinschaft schaffen, ist auch der Grund für die zweite Zitatwahl der tschechischen Neonazis. Es handelt sich dabei nicht um eine aufpeitschende Rede, sondern einen Dialog zwischen Frodo und Sam, in dem Sam ihre Situation mit den alten

Erzählungen vergleicht. Auch dort sah es oft finster aus, aber dann habe sich immer noch das Gute durchgesetzt. Die Helden dieser Geschichten hätten oft die Möglichkeit gehabt umzukehren, sie hätten es aber nie getan, »because they were holding on to something«, weil sie an etwas festgehalten hätten, an etwas geglaubt hätten. Der Sprung in den Glauben an etwas, ganz egal, was denn da geglaubt wird, findet sich auch bei faschistischen Theoretikern wie Georges Sorel, der das Opfer, das man bringen muss, um an einem »ewigen Heldengedicht mitzuschaffen« (Sorel 1981: 33) verherrlichte, da dies etwas sei, das »die intellektualistische Philosophie nicht zu erklären vermag.« (ebd.) Diesen Zug des faschistischen Denkens hat Adorno folgendermaßen beschrieben, und macht damit klar, warum dieses Zitat beim Národní Korporativismus auf Begeisterung stößt: »Da es dem Faschismus unmöglich wäre, die Massen durch rationale Argumente zu gewinnen, muß seine Propaganda sich notwendig vom diskursiven Denken abwenden, um sich statt dessen psychologisch zu orientieren und irrationale, unbewusste, regressive Prozesse zu mobilisieren.« (Adorno 1971: 61)

Die Ästhetik des Films wiederum zieht alle Register der Überwältigung, die einem vom Schicksal getragenen Epos gebührt: Gewaltige, von vollem Orchestersound untermalte Kameraschwenks über Bergketten und andere Landschaftsmerkmale (die, nebenbei bemerkt, sich für den neuseeländischen Tourismus äußerst günstig erwiesen haben – soviel zum Thema Kulturindustrie als System, in dem die einzelnen Sparten ineinandergreifen), ein

Monumentalismus bei der computergenerierten Architektur der Phantasiebauwerke (besonders sind hier die beiden Königsstatuen bei den Rauros-Fällen zu nennen, die an Arno Breker erinnern) und endlose Massenszenen in Schlachten, in denen das Individuum verschwindet. Das ausführliche Schlachtgetümmel belegt einmal mehr, wie diese Regression mittels modernster Technik dargestellt wird, denn für diese Szenen wurden, wie einer der als »Making-of« verkleideten Werbeinschaltung für den Film zu entnehmen war, eigene ausgefeilte Programme entwickelt, die die computergenerierten Orks und Menschen möglichst natürlich in Massen über das Schlachtfeld stapfen ließen.

Das ist wirklich ein großer Schritt in der detaillierten Ausführung, der Effekt selber ist schon älter und wurde von Siegfried Kracauer schon in Fritz Langs Film über die Nibelungen beobachtet. Er erkannte in der Komposition des Films das Bedürfnis des deutschen Publikums der 20er Jahre nach Lösung eines Konflikts:

»Die Deutschen waren offenbar der Meinung, daß ihnen zwischen verheerender Anarchie und tyrannischer Herrschaft keine andere Wahl blieb. [...] In dieser Zwangslage nahm die Vorstellungswelt jener Zeit Zuflucht beim antiken Schicksalsbegriff. Das böse Geschick, verhängt vom unerbittlichen Schicksal, war kein bloßer Zufall, sondern ein erhabenes Ereignis, das allen, die es erlebten, und erlitten, metaphysische Schauder einflößte.« (Kracauer 1979: 96)

Als Mittel, um die Unentrinnbarkeit des Schicksals darzustellen, streicht Kracauer in Langs Film besonders den »Bann dieser dekorativen Komposition« (ebd.: 102) heraus: »Der Zwang, der vom Schicksal ausgeht, findet seine ästhetische Entsprechung darin, daß alle Strukturelemente streng in den Rahmen luzider Formen eingefügt sind.« (ebd.)

Viele szenische Details wären »kunstvoll ersonnen«, allerdings blieben alle streng in den Gesamtzusammenhang eingespannt. So zum Beispiel die Architektur: »Um die Wirkung der bildlichen Einheit zu erhöhen, ist die Kamera ausgiebig auf Szenen gerichtet, die von einfachen, weitläufigen und erhabenen architektonischen Strukturen beherrscht werden.« (ebd.) Diesen Effekt nutzt auch der Herr der Ringe ausgiebig: Die Stadt Minas Tirith, der Turm Saurons, derjenige Sarumans, aber auch Gebirgsketten werden so oft und ausgiebig in Szene gesetzt, dass sie den Schauspielern die Show stehlen. Hier werden, wie auch in Langs Werk, »menschliche Wesen zu Anhänseln von Urlandschaften und weitläufigen Bauten.« (ebd.)

Mittlerweile scheint sich das Bedürfnis, von dem Kracauer sprach, und das sich in all diesen kompositorischen Tricks sowie in der Struktur der Handlung manifestiert, globalisiert zu haben: Dass der Glaube an Mythos, metaphysischen Schauer und Schicksal auch den tschechischen Neonazis liegt, bestätigt das zweite Zitat. Aber auch der weltweite Erfolg des »Herrn der Ringe«, der Publikumsmassen in die Trilogie mit Überlänge lockte, scheint darauf hinzuweisen.

Ein wenig anders liegt die Situation bei dem Film Matrix. Nicht nur, dass eigentlich nur der erste Teil ein Erfolg war, weswegen es hier auch nur um diesen gehen wird, er wurde auch mit großem Tamtam vom Feuilleton begrüßt. Er wurde als mehr als nur ein einfaches Produkt der Kulturindustrie angesehen, sondern teilweise als Kritik derselben, quasi als verfilmter Adorno, oder zumindest als »Verfilmung der Philosophie«, wie Boris Groys einen Artikel überschrieb und dort fortfuhr: »Vielmehr bietet der heutige Film die Aufklärung selbst – den Einblick ins Wesentliche, ins Verborgene, in den ›allgemeinen Verblendungszusammenhang‹, in die herrschende Bewusstseinsmanipulation – und zwar bietet er diese Aufklärung als spannende, gut gemachte Unterhaltung.« (www.societyofcontrol.com) Einerseits wird mit der Terminologie der Kritischen Theorie kokettiert, deren Sinn allerdings verkehrt, als ob es nie ein Kulturindustriekapitel gegeben hätte, das die Möglichkeit von Aufklärung als Massenbetrug – eben in Form von »gut gemachter Unterhaltung« – durchdacht hätte.

Slavoj Žižek wusste genauer, welche Philosophie denn hinter der Matrix steckt:

> »Was nun ist die Matrix? Schlichtweg der Lacansche ›große Andere‹, die virtuelle symbolische Ordnung, das Netzwerk, das die Wirklichkeit für uns strukturiert. Er steht für all das, aufgrund dessen das Subjekt die Folgen seiner Handlungen niemals vollständig beherrschen

kann, d.h. wodurch das letztendliche Ergebnis seines Handelns sich immer von dem unterscheidet, was es angestrebt oder erwartet hatte.« (http://eva-elba.unibas.ch)

Für diese Art von Philosophie stellt sich die Tatsache, dass Individuen nur Anhängsel von gesellschaftlichen Prozessen sind, und so nicht autonom handeln können, gar nicht mehr als Skandal dar, den man zu untersuchen und abzuschaffen habe, sondern sie soll akzeptiert werden. Auch hier bekommt die Heteronomie durch einen philosophischen Anstrich höhere Weihen.

Aber der Film lädt ja gerade dazu ein. Denn einerseits stellt er die Entscheidungen, die Neo immer zu treffen hat – aus dem Fenster klettern oder nicht, diese Pille oder jene, sich selbst opfern oder Morpheus – in den Fordergrund, der Witz dabei ist aber, dass seine Entscheidungen eigentlich ohne Konsequenz bleiben: Er klettert zu Beginn nicht aus dem Fenster, obwohl das die Entscheidung für Morpheus wäre, aber das macht nichts, er kommt trotzdem zu den Rebellen, das Schicksal setzt sich durch. Am Ende, im Kampf mit Agent Smith kommt dann diese ganze Struktur von Entscheidungen schließlich zu ihrem Ende. Neo entwickelt die Fähigkeit, die Agenten zu besiegen und Morpheus ruft aus: »He's beginning to believe!«, die scheinbar freien Entscheidungen haben also nur den Sprung in den Glauben (verbunden mit dem Willen, sich zu opfern) zum Ziel.

Der Begriff der Entscheidung ist nicht zufällig aus dem Repertoire des Existenzialismus gewählt. Dabei handelt es sich um eine Simulation von Freiheit, wie Herbert Marcuse in seiner Kritik am Existenzialismus festhält:

> »Diese [die Freiheit, F. R.] ist, was sie ist, einzig insofern, als sie den Menschen in seiner kontingenten Situation ›engagiert‹, welche wiederum, da es eine vorgegebene Situation ist, mich ein für allemal daran hindert, der Gründer eines eigenen Seins-für-sich selbst zu werden. Der Zirkel der ontologischen Identifizierung ist damit geschlossen: er verbindet Sein und Nichts, Freiheit und Scheitern, selbstverantwortliche Wahl und kontingente Bestimmung.« (Marcuse 1965: 58)

Das Schicksal Neos ist es, der Auserwählte zu sein. Selbst wenn das Orakel, an dessen Aussage er glaubt, versichert, es nicht zu sein, setzt sich so quasi die List des Schicksals durch, da er gerade deshalb sich opfern will, um Morpheus zu retten. Die Autonomie, die durch die Betonung der Entscheidung unterstrichen wird, erweist sich als Pseudoautonomie, die nur in der Zustimmung zum Schicksal enden kann, gläubig und heldenhaft die Last des Daseins zu tragen. Folglich ist auch der Verräter der Bösewicht, dem das wirkliche Leben, das eine ziemlich traurige Veranstaltung ist, schleimfressend und ungemütlich, nicht zusagt. Er will seinen persönlichen Genuss haben.

Ganz anders Neo, der sich, bevor er zu den Rebellen stößt, faustisch herumquält. Er wird in seinem ersten Kontakt mit Trinity immer wieder als Suchender dargestellt, der schlecht schläft, und vor dem Computer sitzend die

Antwort auf die Frage sucht, was denn das System sei. Gegen dieses Gefühl der Unsicherheit bietet Trinity eine Lösung: Die Antwort sei da draußen, Neo müsse nur wollen. Durch den reinen Willensakt, der sich dann sowieso als Schicksal herausstellt, soll man also das uneigentliche Dasein hinter sich lassen können, mit all seinen Unsicherheiten. Die damit verbundenen Opfer müssen eben in Kauf genommen werden.

Die tschechischen Neonazis fühlen sich noch zu einem anderen Aspekt des Filmes hingezogen: Auf ihrer Homepage findet man den Dialog zwischen Neo und Morpheus, in dem dieser jenem erklärt: Es sei ein System, mit dem die meisten Leute so verwachsen wären, dass sie Feinde wären, sie seien noch nicht bereit, aus der Matrix geholt zu werden und außerdem könne sich jeder Mensch in der Matrix in einen Agenten verwandeln. Das Resultat: »If you're not one of us, you're one of them.«

Der Aspekt der Bereitschaft zum Erweckungserlebnis, also aus der Matrix herausgeholt zu werden, interessiert zunächst. Warum sind, fragt man sich, die meisten Leute nicht bereit, aus der Matrix auszubrechen, wo das doch, wie gezeigt wird, mit dem Schlucken einer Pille sich fast ganz von selbst erledigt? Die Funktion des ganzen ist klar: Nur die willensstarken Menschen, die zum Opfer bereit sind, können erweckt werden. Die Nazis und ihr Kampf gegen »das System« können sich also selbst bestätigen und sich als Elite fühlen, womit Teilnahme an der Auserwähltheit suggeriert wird. Da wird dann zu einem einfachen Freund/Feind-Schema übergeleitet, denn hinter jedem

Menschen steht die Matrix, die sich in Form der Agenten in diesem Menschen konkretisieren könnte, weswegen man dann auch in durchgestylten Actionszenen ungehemmt Leute erschießen kann. Einerseits morden, andererseits auch stets zum Opfer des Lebens bereit zu sein – das ist es, was an diesem Film fasziniert.

Diese Sicht findet aber genug Anhaltspunkte im Film selber, ist also nicht nur willkürlich, denn durch die Konstruktion der Pseudoautonomie wird auch eine Anthropologie in den Film eingeführt, die zwar vom bösen Agenten Smith formuliert wird, um Morpheus' Willen zu brechen, der aber im Film nie widersprochen wird. Denn die erste Matrix, die von den Maschinen entworfen wurde, sei eine glückselige Welt für die Menschen gewesen, nur die Menschen hätten diese Welt nicht akzeptiert, seien also unfähig zum Glück, die Menschen würden ihre Realität durch »misery and suffering« definieren.

Aber nicht nur der Agent schlägt in diese Kerbe, auch bei der Erzählung Morpheus' über die Geschichte, wie es dazu kam, dass die Maschinen herrschen, wird eine Anthropologie entfaltet: Der Mensch sei nicht wie der sprichwörtliche Schuster es sollte, bei seinen Leisten geblieben, sondern habe sich dem frevelhaften Übermut, der Hybris, hingegeben und habe nun davon die Herrschaft der Maschinen. Die groß angekündigte »verfilmte Philosophie« endet also bei schlichter Theologie: Der Mensch, ein sündig' Wesen, kann in diesem Leben auf keine Erlösung hoffen und wenn, dann nur durch das Opfer.

Anmerkung

1 Die volle Zitatesammlung war unter www.narodni-korporativismus.org bis Ende 2007 online, Teile finden sich noch auf der tschechischen Version der rechtsextremen Internetplattform altermedia: http://cz.altermedia.info/uvahy-a-komentare/1581_1581.html (Stand 14.01.08)

Bibliografie

Adorno, Theodor W.: Die Freudsche Theorie und die Struktur der faschistischen Propaganda, in: ders.: Kritik. Kleine Schriften zur Gesellschaft, Frankfurt / M. 1971

Adorno, Theodor W.: Erziehung zur Mündigkeit, in ders.: Erziehung zur Mündigkeit, Frankfurt / M. 1971

Horkheimer, Max / Adorno, Theodor W. (1987): Dialektik der Aufklärung. Philosophische Fragmente, in: Horkheimer, Max: Gesammelte Schriften Bd. 5, Frankfurt / M.

Kracauer, Siegfried: Von Caligari zu Hitler. Eine psychologische Geschichte des deutschen Films, Frankfurt / M. 1979

Lukács, Georg: Die Theorie des Romans. Ein geschichtsphilosophischer Versuch über die Formen der großen Epik, Hamburg 1988

Mann, Heinrich: Der Untertan, Frankfurt / M. 1995

Marcuse, Herbert: Existenzialismus, in: ders.: Kultur und Gesellschaft 2, Frankfurt / M. 1965

Marx, Karl: Das Kapital. Zur Kritik der politischen Ökonomie, Bd. 1, MEW 23

Tolkien, J. R. R.: Vorwort, in: ders.: Der Herr der Ringe. Die Gefährten, Stuttgart 1988

Scheit, Gerhard: Verborgener Staat, lebendiges Geld. Zur Dramaturgie des Antisemitismus, Freiburg i. Br. 1999

Sorel, Georges: Über die Gewalt, Frankfurt / M. 1981

Internet

http://eva-elba.unibas.ch/?c=3095 (Stand 26.2.2008)

www.malmoe.org/artikel/erlebnispark/371 (Stand 20.6.2007)

www.societyofcontrol.com/library/theory/groys_matrix.txt (Stand 26.2.2008)

Über die AutorInnen

Tobias Ebbrecht ist Filmwissenschaftler und lehrt Filmgeschichte an der Hochschule für Film und Fernsehen »Konrad Wolf« in Potsdam. Er publiziert zur Kritik deutscher Erinnerungskultur, zur Repräsentation von Holocaust und Nationalsozialismus, zu Islamismus im Film und zum iranischen Kino. Zuletzt hat er mit der Gruppe kittkritik den Sammelband »Deutschlandwunder. Wunsch und Wahn in der postnazistischen Kultur« (Mainz 2007) herausgegeben.

Renate Göllner lebt als Publizistin in Wien. Sie verfasste die erste Monographie über Eugenie Schwarzwald: »Kein Puppenheim. Genia Schwarzwald und die Emanzipation« (Frankfurt / M. 1999). 2007 gab sie gemeinsam mit Ljiljana Radonic »Mit Freud. Gesellschaftskritik und Psychoanalyse« (Freiburg) heraus. Demnächst erscheint im Peter Lang Verlag »Schule und Verbrechen. Zur Vertreibung jüdischer Schüler von Wiens Mittelschulen«.

Karin Lederer hat unter anderem die Ferengi studiert, ist Mitherausgeberin der Broschüre »Goldhagen und Österreich. Ganz gewöhnliche ÖsterreicherInnen und ein Holocaust-Buch« (Wien 1998) und freiberufliche Lektorin in Wien (www.korrektor.at).

Florian Ruttner lebt in Wien, wo er auch Politikwissenschaft studiert hat. Mittlerweile lehrt er ebendort und lästert gern über Filme. Zuletzt trat er als Co-Autor eines Beitrags in dem von Stephan Grigat und Simone Dinah Hartmann herausgegebenen Sammelband »Der Iran – Analyse einer islamischen Diktatur und ihrer europäischen Förderer« (Innsbruck – Bozen – Wien 2008) in Erscheinung.

Gerhard Scheit lebt als freier Autor und Publizist in Wien. Arbeiten zur Kritischen Theorie, über den Souverän und die Ästhetik in der Moderne. »Dramaturgie der Geschlechter« (Frankfurt / M. 1995); »Hanswurst und der Staat« (Wien 1995); »Mülltrennung – Beiträge zu Politik, Literatur und Musik« (Hamburg 1998); »Verborgener Staat, lebendiges Geld – Zur Dramaturgie des Antisemitismus« (Freiburg 1999); »Meister der Krise« (Freiburg 2001); »Suicide Attack – Zur Kritik der politischen Gewalt« (Freiburg 2004); »Jargon der Demokratie – Über den neuen Behemoth« (Freiburg 2006); Herausgeber der Bände 2, 6 und 8 der neuen Werkausgabe von Jean Améry (Stuttgart 2002–2007).

VERBRECHER VERLAG

Rolf-Günther Schulze und Martin Krauß (Hrsg.)

WER MACHT DEN SPORT KAPUTT?

Doping, Kontrolle und Menschenwürde

176 Seiten
Broschur
13 €

ISBN 978-3-940426-05-5

Vor den Olympischen Spielen in Peking liefen sich die Dopingexperten schon mal warm, die Diskussion lief heiß: Mehr Kontrollen und mehr Verbote wurden gefordert.

Nur etwas fehlt im öffentlichen Reden über Doping bislang: die Stimmen derjenigen, die nicht richtig finden, dass Sportler, die nicht 24 Stunden an sieben Tagen in der Woche für Kontrollen zur Verfügung stehen, mit Berufsverbot belegt werden sollten. Die es nicht gut finden, dass die Geschlechtsteile von Sportlerinnen mit dem Spiegel ausgeleuchtet werden etc.

Der Sammelband vereint erstmals die abweichenden Stimmen. Es sind so unterschiedliche Autoren wie der Literaturwissenschaftler Hans Ulrich Gumbrecht von der Stanford University, der »Konkret«-Herausgeber Hermann L. Gremliza, der Publizist Diedrich Diederichsen, der frühere Fraktionsvorsitzende der Grünen im Bundestag Thomas Ebermann, der Frankfurter Publizist Matthias Heitmann, der Medienjournalist René Martens, der Berliner Wirtschaftswissenschaftler Stefan Chatrath etc.

Verbrecher Verlag Gneisenaustraße 2a 10961 Berlin
www.verbrecherei.de info@verbrecherei.de

VERBRECHER VERLAG

die röteln (Hg.)

»DAS LEBEN LEBT NICHT«

Postmoderne Subjektivität und der Drang zur Biopolitik

208 Seiten
Broschur
14 €

ISBN: 3-935843-52-6

Die den linken politischen Diskurs seit den 1990ern bestimmende poststrukturalistische Theoriebildung und ihr Emanzipationsversprechen werden in diesem Band als ideologisierende Reflexionsform sich wandelnder kapitalistischer Herrschaftsverhältnisse kritisiert und damit vermittelter Naturbeherrschung, auch und gerade der am Menschen. Analysiert wird dies sowohl an der linken postmodernen Affirmation der Biopolitik – wie sie sich unter anderem in den Varianten von »Empire« von Negri / Hardt und »Homo Sacer« von Agamben ausdrückt –, als auch am historischen und aktuellen Stand der Naturbeherrschung und ihren Diskursen (Rassehygiene, Humangenetik und Biotechnologie).

Verbrecher Verlag Gneisenaustraße 2a 10961 Berlin
www.verbrecherei.de info@verbrecherei.de

VERBRECHER VERLAG

initiative not a love song (Hg.)

SUBJEKT (IN) DER BERLINER REPUBLIK

Zu den subjektiven Bedingungen der objektiven Irrationalität

208 Seiten
Broschur
14 €

ISBN: 3-935843-31-3

Was treibt Menschen zur Selbstaufgabe in der Irrationalität? »Die Fragen nach dem Subjekt und den Subjekten der ›Berliner Republik‹ fallen nicht in eins und lassen sich doch nicht trennen: Subjekt ist auch hier, in realer Verkehrung, das automatische, die einzelnen Subjekte sind nur als von der verselbständigten Struktur Mitgeschleifte.« Der Band versammelt Aufsätze zur Aktualität des Freudschen Sexualitätsbegriffes, zu Sexualität und Geschlechterverhältnis im postfaschistischen Deutschland, zur kollektiven Schuldabwehr von 1945 bis heute, zur Wiederkehr des kolonialen Blickes unter umgekehrten Vorzeichen, zu Rassismus und Stereotypenbildung, zu der weiblichen Subjektwerdung im Spätkapitalismus, zum Arbeitssubjekt und seiner / ihrer Geschlechtlichkeit, zur Subjektivität behinderter Menschen und zu neueren Markterfolgen der Kulturindustrie. Sie sind allesamt z. T. aktualisierte Beiträge des Kongresses »Subjekt (in) der Berliner Republik«, der im Sommer 2002 in Berlin stattfand.

Verbrecher Verlag Gneisenaustraße 2a 10961 Berlin
www.verbrecherei.de info@verbrecherei.de

VERBRECHER VERLAG

Tjark Kunstreich

NACH DEM WESTEN

160 Seiten
Broschur
13 €

ISBN: 3-935843-32-1

Nicht nur der Osten ist zu Ende gegangen, sondern auch der Westen. Am Beispiel von 9/11, in der Kritik der deutschen Vergangenheitsbewältigung und im Lob des Dichters Ronald M. Schernikau geht es Tjark Kunstreich um ebenso verzweifelte wie aussichtslos scheinende Bemühungen, dem Gang der Dinge etwas entgegenzusetzen: »Es geht nicht um Vollendung von Geschichte, sondern darum, ihre Vollendung zu verhindern.«